JN101805

読みなおす日本史

邪馬台国をとらえなおす

大塚初重

吉川弘文館

はじめに

日本国家の起源に迫る

邪馬台国についていま何が言えるのか。この課題は案外難しい。

中国の正史『三国志』「魏書東夷伝倭人条」（通称「魏志倭人伝」）に、魏の景初二年（二三八）、邪馬台国女王卑弥呼が魏に遣いを送り、皇帝（明帝とされる）より「親魏倭王」の金印や錦、銅鏡百枚、真珠、鉛丹などを賜った、と記される古代日本の国家「邪馬台国」。

景初二年は書き写しの際の誤りで、景初三年（二三九）が正しいという多くの専門家の指摘もあるのだが、いずれにしても西暦二世紀の後半から三世紀の中頃、日本は、鬼道に仕える卑弥呼という女王によって統治されていたことは事実のようである。しかし、その邪馬台国の所在地はいまもって解明されていない。

「魏志倭人伝」に記された邪馬台国の記述はわずか二千字足らずなのだが、その文献学的解釈はさまざまで、邪馬台国の場所を確定するような説はまだない。「径百余歩」と記される女王卑弥呼の墳墓の記述、「銅鏡百枚」の記述についても百家争鳴の態である。これこそが卑弥呼の鏡だと言われた三角縁神獣鏡をめぐる研究も、その形や大きさ、原材料の分析など多岐にわたってはいるが、やはり決め手を欠く。

しかし「魏志倭人伝」に記された景初三年（二三九）から正始八年（二四七）の倭国と魏王朝との交流の記録が真実であるとすれば、女王卑弥呼の死をふくむ邪馬台国の記事は、まぎれもなく古代日本の二世紀後半から約百年にわたる歴史事実である。邪馬台国がどこにあったのか、邪馬台国と日本の最初の王権とされる大和王権とはどのような関係にあるのか。邪馬台国問題は日本国家の起源に迫るには避けては通れない重要な鍵なのである。

しかしいま、私たちは邪馬台国についていったいどこまで知っているのであろうか。

そもそも邪馬台国とは何なのか。

邪馬台国のいったい何が問題なのか。

私は考古学者であるから、考古学からの視点で邪馬台国問題を考えようとする。考古学とはつねに新しい事実によって古い常識が書き換えられていく、そういう学問だ。思考の基盤は「モノ」であり考古学的な事象である。

つまり、考古学で邪馬台国を解くということは、発掘によって出てきた「モノ」で「魏志倭人伝」の謎を解くことである。日本の二世紀後半から約百年前後の地層から邪馬台国の真実を掘り起こすことである。

発掘上の事実から何が見えてくるのか。日本の古代国家はどういう成立の仕方をして、現代につながってきたのか、その真実の一端を考古学の視点から浮かびあがらせようとするのである。

しかし邪馬台国研究の現状は、考古学上からも文献学上からも、双方互いに推測に推測を重ねて迷走しているように私には思える。

発掘考古学が変える邪馬台国像

この難問を、ひたすらモノを基礎に据えて、型式学（出土物を特徴ごとに分類する）と層位学（遺物をふくむ層の積み重なる順序などで年代の新旧を考える）の方法論で解こうとするのが発掘考古学である。日本では、江戸時代から新井白石（一六五七〜一七二五）、本居宣長（一七三〇〜一八〇一）、伴信友（一七七三〜一八四六）などの大学者が文献史学の立場から邪馬台国の所在地論を展開してきた。しかし発掘考古学の歴史はそう古くはない。

江戸時代から古墳の調査研究などはあったが、E・S・モース（エドワード・シルヴェスター・モース、Edward Sylvester Morse, 一八三八〜一九二五）が当時の欧米の最新知識にもとづいておこなった大森貝塚の調査と、その調査報告書の刊行が日本における考古学の嚆矢だった。それから約百年、日本の考古学は出土した土器の編年により、例えば畿内では庄内式土器や布留式土器など、遺跡名のついた型式名で分類し、その遺跡の年代を決めてきた。しかし土器編年は研究者により、実年代の比定に百年もの差が出るなど、絶対的信頼に足る編年はなかった。

ところが近年、邪馬台国はその実年代をめぐって大きな議論がわきおこっている。少なくとも一九七〇年代までは、弥生時代中期は、紀元前一〇〇年から紀元一〇〇年の約二百年間を示すもので、邪馬台国は弥生時代の後期段階に属し、とくにその後半期が問題の時期と考えられていた。ところが最近になってＡＭＳ（Accelerator Mass Spectrometry, 加速器質量分析法＝「加速器によってイオンを加速し、直接一個一個検出して正確にその同位体濃度を測定する方法」〈二〇〇三年七月二五日歴史民俗博物館特別講演会配布資料「弥生時代の開始年代――ＡＭＳ年代測定法の現状と可能性」より〉）を使った放射性炭素年代測定法による理化学上の測定や年輪年代学上の測定結果から、その認識がくつがえされたのである。

その最初の例が一九九五年、大阪府の池上曽根遺跡から見つかった弥生中期後半の大型掘立柱建物跡である。この神殿風あるいは祭殿風の建物跡には、檜の柱の根っこが腐らないで残っていた。その檜の柱を、当時、奈良文化財研究所にいた光谷拓実氏が木材の年輪からその木の伐採年を割り出す年輪年代分析法で分析したところ、檜の柱の一本は、紀元前五二年の伐採であることが判明した。それまで弥生時代中期の後半期とされてきたこの遺跡の実年代は、紀元前五二年という具体的な数字によってはじめて確定されたのである。このことにより、弥生中期の年代は従来よりも五十年から百年はさかのぼると考えられるようになった。つまり、紀元前一世紀から二世紀末頃までが後期、三世紀初頭頃は終末期の段階に該当し、二世紀後半から三世紀中頃の卑弥呼の時代は、弥生後期段階とはいえず、古墳の出現期ではないかと多くの研究者は考えるようになったのである。

一方、弥生後期から古墳時代に連続する土器型式の変遷を科学的に追究する作業もすすめられていた。

奈良県桜井市にある、もっとも初期の定型プランをもった前方後円墳とされてきた古墳が箸墓古墳である。その一部の周壕や渡り土手周辺の周壕内の堆積状況と、出土する土器型式の層位的検討がなされ、築造時の土器型式が布留式と割り出された。奈良県天理市の布留遺跡で出土した土器群をもとに設定された布留式土器は庄内式土器の次にあたる土器型式であるが、箸墓古墳周壕最下層の土器はその布留0式土器（古相）であると判明したのである。

そのようななか、二〇〇九年の五月に国立歴史民俗博物館の春成秀爾氏らは、日本考古学協会第七十五回総会において、炭素14年代測定法による箸墓古墳の築造年代を発表した。箸墓古墳の「築造直後」の布留0式土器の年代を二四〇〜二六〇年と推定したのである。卑弥呼の魏への使節派遣は景初二年（二三八）か景初三年、卑弥呼の死は正始七、八年（二四七）頃であるから、布留0式土器と卑弥呼死去の時期が同時代ということになる。

さらに、箸墓周辺に存在する大和古墳群の一部の古墳発掘や、纒向遺跡の関連調査を奈良県立橿原考古学研究所や桜井市教育委員会が進めてきた過程で、これらの遺跡の土器型式の内容が明らかになった。纒向遺跡には、「纒向型前方後円墳」の石塚・矢塚・ホケノ山、初期の前方後円墳の勝山・東田大塚など八〇〜一一〇メートル前後の古墳がいくつか存在している。これら纒向型前方後円墳の周壕調査による土器の型式と層位関係の緻密な編年的研究の成果が明らかにされたことで、三世紀は日本の古墳時代前期に含まれるという理解が学界では一般的になりつつある。

つまり考古学上の古墳時代の開始年代は、かつては西暦三〇〇年前後と比定され、突如として大和に前方後円墳が出現したと説かれていたが、現今の古墳時代の開始年代は三世紀前半にまで引き上げられ、邪馬台国時代は弥生時代ではなく、むしろ古墳出現期に該当すると考えられるようになってきているのだ。

こうした状況のなか、箸墓北方の纒向遺跡内で宮殿の可能性のある建物跡が発見されたとの発表がなされた。

この建物跡から出土した土器の考古学的な所見では、寺沢薫氏編年の庄内3式土器で、三世紀中頃をふくめてそれ以前と発表されている。

これらの発表は日本の古代史にとって大きな衝撃をもたらした。もしもその測定結果が正しいとすれば、いままで私たちが抱いていた邪馬台国の姿はまったく違ったものになってくる。三世紀後半から四世紀初め頃と考えられていた箸墓の築造がじつは三世紀の中頃ということになれば「魏志倭人伝」に記された邪馬台国時代に重なる。つまり、邪馬台国の時代に大和では二八〇メートルの大前方後円墳が造られていたことになる。しかも奈良盆地で最初に出現する大型前方後円墳が箸墓であるとすれば、箸墓は卑弥呼の墓であるという推測を多くの研究者たちが抱くのもある意味で当然とも思える。

しかし、ことはそう単純ではない。仮に箸墓が邪馬台国と同時代だとしても、それが卑弥呼の墓だと結論づけるのはまだ早い。箸墓が宮内庁の管理下にあり考古学的発掘ができない現状にあっては、まだまだいろいろな可能性を考えなければならないのである。

第一、箸墓築造の時代認識はわが国の歴史のなかでは古墳時代の初期、すでに『古事記』や『日本書紀』に情報が記されている時代に突入している。それなのに『古事記』にも『日本書紀』にも、どこにも卑弥呼という名も邪馬台国の名も書かれていない（ただし四世紀末とされる神功皇后紀には引用のかたちで記されている）。これは卑弥呼の墓＝箸墓という説からすると乗り越えなくてはならない重要な問題である。わが国の歴史書に卑弥呼の名が記されていない以上、箸墓が卑弥呼の墓であるといいきれる根拠はないのだ。考古学界の全般的な反応はなお測定値の再検討を待つ意向が強い（現在、新しい年代観を採り入れるべきか揺れ動いているのが実情である。本書では各遺跡の報告書などに従いつつ、一部筆者の年代観にもとづいているところがあることをあらかじめお断りしておく）。

東国からみた邪馬台国

また邪馬台国の場所と範囲を考えるうえで、もうひとつの視点として筆者が強調しておきたいことは、列島内における古墳出現前夜すなわち弥生時代後期の東国の歴史的展開についてである。

二世紀後半から三世紀前半期にかけて、東国の日本海沿岸地域と、太平洋岸の広汎な地域で、土器が激しく移動していることをどうとらえるべきかという問題である。

すでに北部九州と畿内地方の土器が、山陰・北陸地方や瀬戸内沿岸地方と行き来していたことは認められているが、それが東国にもおよんでいたとなると大きな意味をもつ。二、三世紀段階に東国までもふくめた列島内の人びとのかなり激しい集団的な移動があったものと考えられるからである。つまり「魏志倭人伝」が伝える「百余国にわかれていた」や、「いま使訳通じるのが三十国」とある倭国の範囲は、九州文化圏、畿内文化圏だけでなく、中部日本、東北地域もふくめた広範囲の列島の社会を考えないと説明がつかなくなる。邪馬台国の議論は九州や畿内だけに限定できるものではなくなってくるのである。それは同時に全国各地で出土している鏡の分布状況とも関連してくる。しかしその分布状況を知るためには、鏡の種類を正確に把握する必要があった。

そこで鏡の分類判定に使われたのが、当時奈良県立橿原考古学研究所の今津節生(せつお)氏を中心とする研究グループが取り組んでいた3D、いわゆる高精度三次元形状計測装置（デジタイザ）「ATOS（エイトス）」を使った最新の計測技術である。例えば卑弥呼の鏡とも言われてきた三角縁神獣鏡は、現在までに四百数十面が知られているが、そのうちの三百面以上が電子データ化され、判定が正確にできるようになり、小さな破片からも同笵鏡(どうはんきょう)（同じ鋳型から製作した複数の鏡。一方、同じ原鏡を用いて型抜きして製作した複数の鋳型でそれぞれ一面の鏡を鋳造した同型の鏡を同型鏡という）など見分けが正確にできるようになった。日本で出土している鏡の分有関係が正確に把握できるようになったのである。

今後は、このような科学的分析の蓄積が、邪馬台国の所在地を徐々に限定し、邪馬台国と大和王権との関係をはじめ、古代日本の国家形成を解き明かす手がかりとなることはまちがいないであろう。

本書では、あくまで発掘された〝モノ〟を中心に据え、そこに東日本という新たな視点を加えて邪馬台国を再考してみたい。

目　次

※本書の復刊にあたり、編集全般にわたって石川日出志氏の協力を得た。

第一章　「魏志倭人伝」の謎

中国の史書に書かれた古代の「倭」

邪馬台国はどこにあったのか。そして日本の歴史のどこに位置づけられるのか。

それを正確に把握するためには、最新の考古学的・科学的手法の検討と同時に中国・朝鮮半島をふくめた、いわば東アジアの歴史のなかでの倭、倭人、倭国、邪馬台国を整理しておく必要がある。まずは文献にあらわれた「倭」について確認しておこう。

古代の日本は「倭」と呼ばれていた。「倭」についてはじめて書かれた中国の正史は、後漢（二五〜二二〇）の学者王充（おうじゅう）（二七〜九〇頃？）が著した『論衡（ろんこう）』と、後漢の初頭に、歴史家班固（はんこ）（三二〜九二）らによって編纂された『漢書（かんじょ）』（前漢書ともいわれる）地理志とされている。

『論衡』には、「周の時、天下太平にして、倭人来たりて暢草（ちょうそう）を献ず」（異虚篇第十八）などと記されている。暢草は薬草で、酒に浸して服用されたもののようである。『論衡』においては倭を中国の呉越地方（揚子江〈長江〉の下流域）の南付近と認識していたらしい。

中国の歴史時代は、夏（か）（紀元前二一世紀〜紀元前一七世紀）からはじまったとされているが、確認さ

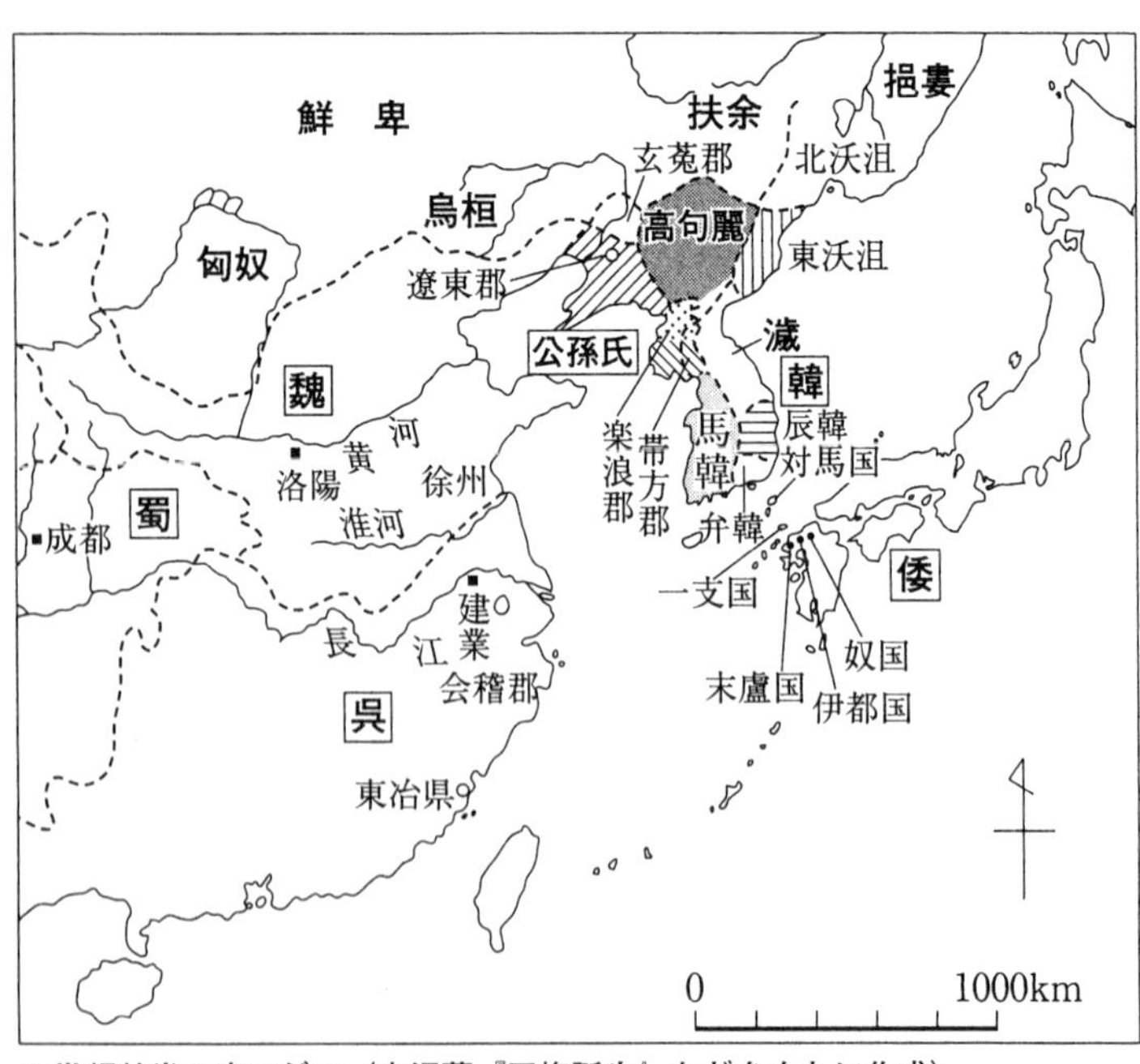

3世紀前半の東アジア（寺沢薫『王権誕生』などをもとに作成）

れているのは商（殷ともいわれる。紀元前一七世紀～紀元前一二世紀・紀元前一一世紀頃）の後期からで、『論衡』にある周は紀元前一二世紀・紀元前一一世紀頃から紀元前二五六年にあったとされているため、倭人のこの記事は、紀元前二五六年より前のことになる。

紀元前二五六年以前、倭人が周の王朝まで行き、薬草を献じていたのであるから、日中国交の歴史はずいぶんと古くからあったということである。

一方の『漢書』は、「楽浪海中に倭人あり、分かれて百余国、歳時をもって来たりて献見すと云う」とある。「楽浪海中」とある楽浪郡は、いまの北朝鮮の平壌付近にあった。前漢（紀元前二〇二～紀元後八）の武帝（紀元前一五六～紀元前八七）が紀元前一〇八年に衛氏朝鮮（紀元前一九五?～紀元前一〇八）の地に設置した直轄領（郡）四郡のひとつである。

その楽浪の海のなかに弥生中期後半（紀元前一世紀頃）、百余国に分かれた倭人の国があったのである。その位置の認識は『論衡』の揚子江下流域の南付近という位置観とは異なっている。倭の位置にかんして少なくとも二つの認識が中国に存在していたということがわかる。

『後漢書』「東夷伝」「倭条」のなかにも倭についての記述があり、建武中元二年、つまり紀元五七年には、後漢に倭奴国の遣いが朝貢して印綬を賜ったと記されている。

また安帝永初元年、つまり一〇七年にも、倭国王帥升（版本によっては師升等）が生口（奴婢）百六十人を献上したとある。

『後漢書』が成立したのは四三二年。後漢は紀元二五年から二二〇年にあった国であるから、滅亡から二百十年以上も経った南北朝時代の南朝宋の時代に書かれた史料である。つまり「倭条」は二八〇年代に書かれた「魏志倭人伝」よりも後に書かれたことになる。

この紀元五七年に倭奴国王が光武帝から授けられた金印と思われるものが、福岡県の博多湾にある志賀島から出土した「漢委奴國王」印とされる。金印については後で詳しく触れるが、「漢委奴」の読み方や理解をめぐってもさまざまな説がある。

その『後漢書』に邪馬台国の記述がある。

中国・後漢の桓帝・霊帝の時代（一四六〜一八九）に倭国中が乱れた。そして女王の卑弥呼を擁立することで治まった、とあり、そこに卑弥呼という名が出てくるのである。しかし先ほども書いたように、『後漢書』は「魏志倭人伝」より後に書かれた史書である。

『三国志』のなかの「魏志倭人伝」

「魏志倭人伝」の記されている『三国志』は西晋（二六五〜三一六）時代、二八五年頃完成したとされ、その資料となったのは、『魏略』といわれる。

『魏略』は三世紀はじめ（二三九〜二四八）、魏が朝鮮に置いていた帯方郡（いまのソウルの北方）の使者が「倭国」に行ったときの報告をもとに、魚豢〈ぎょかん〉という魏の史官が書いたとされるものである。

その『魏略』の記事を『三国志』の編者陳寿（二三三〜二九七）が『三国志』のなかの「東夷伝」に記したとされている。しかしもとになった『魏略』はその後散逸してしまって残っておらず、他の書物のなかに見られるのみで、その全貌を知ることはできないが、他の書物に引用されているので、書物が存在していたことはたしかだといわれている。

この頃中国では後漢（二五〜二二〇）が滅亡し、魏（二二〇〜二六五）・蜀（二二一〜二六三）・呉（二二二〜二八〇）の三国鼎立の時代に入っていた。

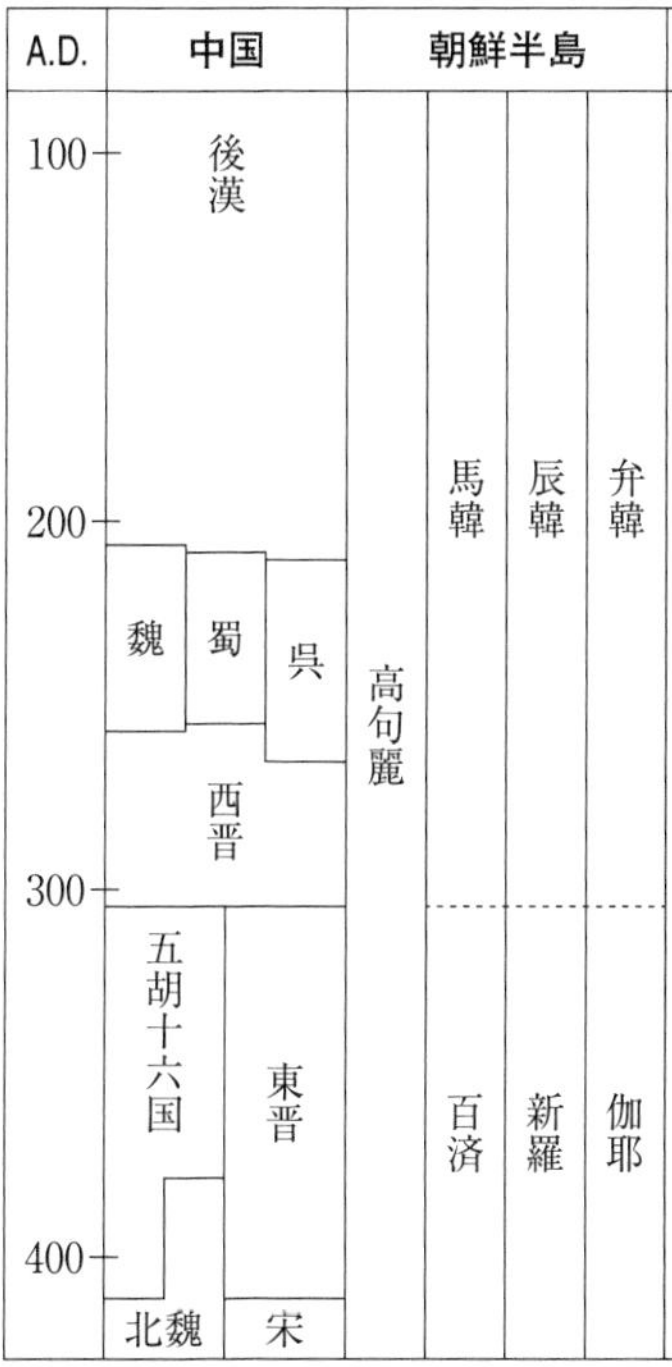

A.D.	中国			朝鮮半島				出来事
100	後漢			高句麗	馬韓	辰韓	弁韓	57 倭奴国王、後漢に入貢、光武帝より金印紫綬を賜る 107 倭国王帥升ら後漢に遣いを送る　生口160人献上 146～189（桓・霊帝の間）倭国大乱 184 黄巾の乱 204 公孫康、楽浪郡の南に帯方郡を分立 220 後漢滅亡　魏王朝成立
200	魏	蜀	呉					238 魏、公孫氏を滅ぼし、楽浪郡・帯方郡を奪還 239 邪馬台国女王卑弥呼、魏に遣いを送る。魏の皇帝より、金印・銅鏡百枚等を賜る
	西晋							248 この頃卑弥呼死す、径百余歩の冢をつくる。男王立てるが服せず。宗女・台与を立て王となす
300	五胡十六国	東晋			百済	新羅	伽耶	266 倭女王（台与？）西晋に遣いを送る 276 この頃、馬韓・辰韓等東夷諸国、入貢 291 八王の乱始まる 304 五胡十六国の時代に入る 313 高句麗、楽浪郡を滅ぼす
400	北魏	宋						

2世紀～4世紀の東アジア

やがて蜀は魏に滅ぼされるが、魏は蜀を滅ぼした司馬昭の死後、権力を引き継いだ子の司馬炎（二三六～二九〇）により滅びる。司馬炎は新たに西晋（二六五～三一六）を建国して武帝となり、呉を征服し、三国鼎立の時代は終わる。

この「魏」「蜀」「呉」の歴史は、西晋の時代になってから『三国志』として編纂された。『三国志』は全六十五巻。そのうち「魏書」が三十巻、「呉書」が二十巻、「蜀書」十五巻である。「魏書」は、本紀が四巻、列伝二十六巻、計三十巻。そのうちの巻三十に東夷伝がある。東夷伝には、扶余・高句麗・東沃沮・挹婁・濊・馬韓・辰韓・弁辰（弁韓）・倭人の条がある。この倭人の条が「魏志倭人伝」。正式名はつまり、『三国志』「魏書」「東夷伝」「倭人条」である。

しかしここには「倭人伝」とあって「倭国」とは書いていない。だから私たちは「倭国伝」ではなく、「魏志倭人伝」である、と言ってきているのである。

「魏志倭人伝」によると、倭人たちは、邪馬台国の卑弥呼という女王によって統治されていた。二～三世紀にそのような国が中国の魏と国交をもっていたとすれば、邪馬台国と女王卑弥呼の動静は、古代日本の国家体制の形成を解く重要な鍵となる。

しかし、「はじめに」でも触れたように、日本の歴史書のなかには「女王卑弥呼」の名も「邪馬台国」という国の中も見えない。ただし養老四年（七二〇）に完成した『日本書紀』の神功皇后の「分注」に「魏志倭人伝」からの引用として、

（神功皇后摂政）四十年。魏志に云わく、正始の元年に、建忠校尉梯携らを遣わして、詔書・印綬を奉りて、倭国に詣らしむ。（『日本書紀』上〈日本古典文学大系〉岩波書店）

などと、数ヵ所に倭国の記事があるだけである。この「分注」が神功皇后紀に記載されていたことにより、『日本書紀』の編者は、卑弥呼と神功皇后とを関連づけて考えていたと思われる。日本にあったと中国の史書に記されているのに、当の日本には邪馬台国の名も卑弥呼の名も、史料どころか伝承さえも存在せず、その確たる痕跡もない。どこにあったかも確定していない、まぼろしの国。それが邪馬台国である。

このまぼろしの国の実像を求めて、文献史学や考古学から、地理学、気象学、天文学に至るまで、じつにさまざまな分野からの幅広い研究がおこなわれてきた。

一九四五年の第二次世界大戦終結後は、考古学研究の分野での研究資料の増大があいつぎ、いまや文献史学研究上だけでなく、考古学的研究の成果が大きく問われるようになってきている。

「魏志倭人伝」から邪馬台国は探せない

邪馬台国の所在地については、二大学説として畿内説と九州説があり、加えて、岡山、島根、四国、名古屋、千葉、甲信越、岩手など、邪馬台国の候補地には枚挙に遑がない。

「はじめに」でも触れたが、宮殿跡（？）が見つかった奈良県桜井市の纒向遺跡は畿内説の有力な候補地である。しかし、これが考古学的に見て、邪馬台国の宮殿跡であると断言できるかどうか。そ

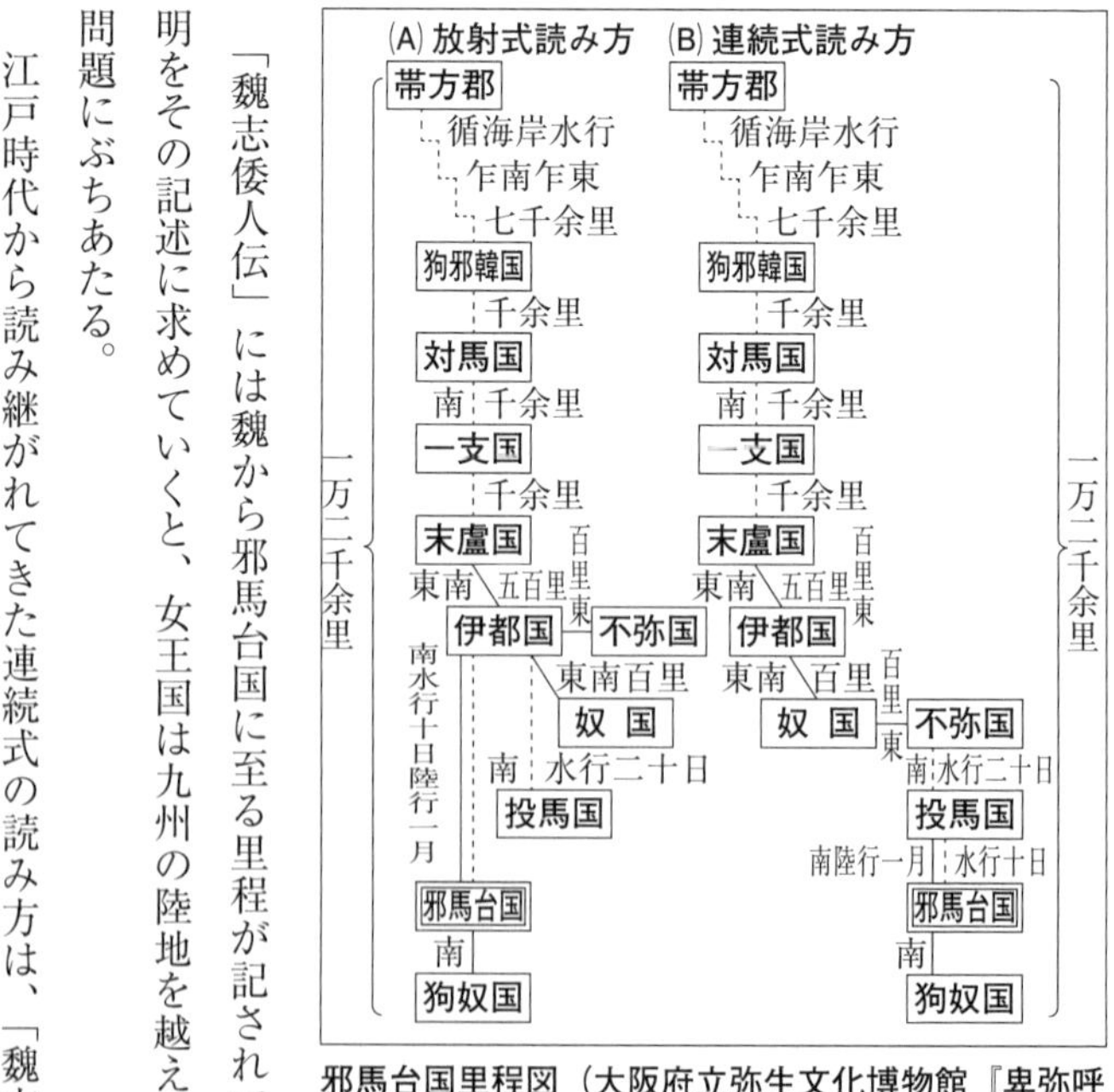

邪馬台国里程図（大阪府立弥生文化博物館『卑弥呼誕生』をもとに作成）

の確証はまったくといっていいほどない。きわめて有力な遺跡ではあるとしても、纒向遺跡全体の五パーセントしか調査されていないとされるため、現時点ではまだ何も断言できない。これが考古学の立場から見た現実である。

もともと「魏志倭人伝」に記された邪馬台国の記述はわずか二千字足らず。しかもその記述はあまり正確なものではない。

「魏志倭人伝」には魏から邪馬台国に至る里程が記されているのであるが、邪馬台国の所在地の解明をその記述に求めていくと、女王国は九州の陸地を越えてはるか南海に達してしまうという厄介な問題にぶちあたる。

江戸時代から読み継がれてきた連続式の読み方は、「魏志倭人伝」の里程をそのまま素直に読み下した読み方。一方、東京大学の榎一雄氏が戦後発表された放射式の読み方は、伊都国(いと)をセンターとして放射線状に各国と通じるというとらえ方で邪馬台国を九州内に納めた。

大和説の場合は南へ邪馬台国に至る、という記述を東への誤りだとして読み替える。あるいは九州にあった邪馬台国が東遷して大和に来て大和王権をうちたてた、という具合に解釈して所在地を比定しようとする。しかしまだまだ多くの研究者を説得できるほどの説も遺跡も出てきてはいない。

「魏志倭人伝」の里程を辿るだけでは、邪馬台国の場所は特定できない。これがいま、邪馬台国論の立っているところだ。にもかかわらず、九州説、畿内説の二大学説が、互いの主張を譲らず、熱い論争をくりひろげているのが現状である。

そのことを考えると纒向も有力な遺跡のひとつであることに異論はないが、何か決定的な発掘資料でも出てこないかぎり、確実に邪馬台国の遺跡とはいえないのである。

もちろん魏の使者が、実際に倭国で見聞きしたことを報告書にまとめたのかどうかさえわからない。そういう根本的な問題もあるわけである。

女王卑弥呼と箸墓伝説

そのような状況下、「はじめに」でも述べたように、布留0式土器の年代がAMS測定法より二四〇～二六〇年と推定されたことが箸墓周辺や纒向地域への注目度を一気にアップさせた。

纒向遺跡はJR桜井線・巻向駅周辺（南北一・五キロメートル、東西二キロメートル）の範囲に広がっている遺跡である。この遺跡がこれほど大きく取り上げられるのは、その南側に、邪馬台国女王卑弥呼の墓ともいわれる箸墓が全長二八〇（資料によっては二八八）メートルの巨大な姿を横たえているからに他ならない。

『日本書紀』には、箸墓は第七代の孝霊天皇の皇女、倭迹迹日百襲姫命の墓と記されている。倭迹迹日百襲姫命はシャーマン的な能力をもっていた巫女のような存在であるように描かれているのが興味深い。

第十代崇神天皇紀のなかに、この姫にまつわる不思議な伝説が「倭迹迹日百襲姫命、大物主神の妻と為る」として記されている（『日本書紀』上〈日本古典文学大系〉岩波書店）。

この姫のもとに夜のみ訪れてくる男がいた。ある夜、姫はその男の正体が知りたくなって、あなたはいつも昼にお見えにならないのでお顔を見ることができません。できればここに留まって明日の朝姿をお見せください、とお願いした。男は「よくわかった。それでは明日あなたの櫛笥に入っていましょう。お願いだから私の姿に驚かないでください」と言った。姫は心のうちで怪しく思いながら、朝、櫛笥をのぞき見てその正体を知ってしまう。それは小さな蛇で長さ太さは下紐ぐらいだった。驚いて叫んでしまった姫の前で、その蛇はたちまち人になり、恥をかかされたと空を飛んで（践みて）三輪山へ帰っていく。

姫は後悔し、箸で女陰を突いて死んでしまう。

これは人間の女性が神の山である三輪山の蛇神と結婚する神婚伝説である。

『日本書紀』は、この姫の死後の墓造りの様子を、「大坂山の石を手越しにして運んだ」「昼は人が造り、夜は神が造った」と記している。

箸墓という名は、この箸にまつわる伝説からつけられたと記されているのである。

つまり箸墓は、神の嫁となった特別な存在である人の墓として古代の人びとの記憶にあった。「魏志倭人伝」が伝える、鬼道をあやつって衆をまどわす卑弥呼の姿と重ねてしまうのもある意味で当然のことなのである。

箸墓周壕の土器が二四〇年から二六〇年のあいだに収まる、とすれば、卑弥呼の死去の年代に合う。

箸墓古墳の築造時期は、二五〇年前後と主張してきた大阪大学教授の福永伸哉（ふくながしんや）氏は、「『魏志倭人伝』などで知りうる当時の史料から言えば、これだけの巨大な古墳に埋葬されたのは卑弥呼だろう」との見解を示しつつ、「放射性炭素年代測定法は万全とは考えていない。他の方法での実証や検証を積み上げて年代を決めるべき」とも発言されている。

年代測定自体は科学的な方法であるが、その数値の計測が正確におこなわれていれば、の条件つきであることは言うまでもない。

遺物、遺構など、動かしがたい事実を研究の対象とする発掘考古学の観点から見ると、そう簡単に箸墓＝卑弥呼の墓とは言えないのではないかと思う。発掘考古学という実証の学問で、邪馬台国をどこまで解明できるのか、いまなにが問われているのかを考えてみたい。

第二章　「魏志倭人伝」を読む

卑弥呼の外交戦略

まず邪馬台国の第一級の史料「魏志倭人伝」について見ていくことにしよう。

この歴史書を編纂した陳寿については『晋書(しんじょ)』巻八十二、列伝五十二に伝記がある。それによると陳寿は西晋の宮廷の著作郎で同時に中正(ちゅうせい)・御史(ぎょし)（治書侍御史）の職にも任ぜられており、宮廷に残っている重要な書類を編纂したりする、いわば歴史編纂官のような、かなり重要な役職についていた。出身は蜀の四川省のようである。

『晋書』「陳寿伝」には彼の父親は諸葛孔明(しょかつこうめい)（諸葛亮(りょう)、一八一〜二三四）の「泣いて馬謖(ばしょく)を斬(き)る」の故事で知られる、馬謖（一九〇〜二二八）の参謀だった人物といわれている。したがって、景初三年（二三九）に邪馬台国からの遣いが、帯方郡を経て魏の都・洛陽(らくよう)に来たのを陳寿が見ている可能性があると指摘する研究者もいる。陳寿は二三三年生まれとされるので当時、五、六歳だったろうから、都に住んでいれば行列を見たかもしれない。

三国時代の中国本土を見ると、黄河流域を中心とした地域に魏がたち、都は洛陽に置かれた。揚子江（長江）の南は呉。首都は建業でいまの南京付近である。この揚子江の上流に蜀があった。そして北には匈奴、鮮卑、烏桓という騎馬民族系の部族がいた。

遼東半島は公孫氏が占拠。周辺には騎馬民族系の扶余・高句麗（紀元前三七～六六八）。朝鮮半島の南のほうには、馬韓（後の百済）、辰韓（後の新羅）、弁韓（後の伽耶）があった。

魏が公孫氏を滅ぼすまで、卑弥呼は公孫氏と交渉していたと思われるが、公孫政権が二三八年（景初二）に滅ぶと同時に魏と交渉を開始したらしい。卑弥呼が魏へ使者を送ったのは同年かあるいは二三九年とされている。シャーマン卑弥呼の仮面の裏には、したたかな外交戦略があったと思われる。

このような東アジア情勢のなかで、邪馬台国がどこにあったのか。どこまでが邪馬台国の範囲なのか。倭、あるいは倭国はいったいどこを指すのか、どこまでが倭の領域だったのか、手がかりを求めて研究者たちは中国の史書を紐解いた。

それでは、問題の「魏志倭人伝」の全文を読んでみることにしよう。

「魏志倭人伝」の全文を読んでみよう

書き下し文、現代語訳は、水野祐氏が『This is 読売』一九九八年二月号で監修されたものを参考にさせていただいているが、若干の変更を加えているところがある。なお原文は新書という性格上、掲載はしていないが、興味のある方は同記事などをご覧いただきたい。

倭人は帯方東南の大海の中にあり。山島に依りて国邑をなす。旧百余国。漢の時に朝見する者あり。今使訳通ずる所三十国なり。

倭人は帯方の東南の大海のなかにあり。この書き出しから「魏志倭人伝」ははじまる。帯方というのは朝鮮半島にあった帯方郡のことだろう。いまの平壌とソウルの間である。

山島によりて国邑（村々）をなす。最近の文献史学者のなかには、国邑というのは、佐賀県の吉野ヶ里にある背振山の低い丘陵を使った環壕集落にあたるのではないかと考える方もいる。

旧百余国。この旧（舊）という字を「分かれて」と読むべきとする研究者もいる。

漢のときに通使を介して朝貢できるのは百余国あった。二世紀の終わりから三世紀にかけてのいま通使を介して朝貢できるのは三十ヵ国である、という記述はまた大きな問題をふくんでいる。

郡より倭に至るには、海岸に循いて水行し、韓国を歴て、乍く〈あるいは・たちまち〉南し、乍く東して、其の北岸、狗邪韓国に到る。七千余里なり。

郡よりというのは帯方郡のことである。帯方郡から倭に至るには、朝鮮半島の西海岸を海岸づたいに舟で行き、韓国（馬韓、弁韓、辰韓）を歴て、しばらく南に、そしてしばらく東に行く。倭の北岸の狗邪韓国、現在の釜山から金海あたりの朝鮮半島の南に至る。ここまでは、帯方郡から七千余里である。

始めて一海を度ること千余里。対馬国に至る。其の大官を卑狗といい、副を卑奴母離という。居する所絶島にして、方四百余里ばかり。土地山険しくして深林多く、道路は禽鹿の径の如し。千余戸あり、良田無く、海物を食して自活し船に乗って南北に市糴す。

はじめて一海を渡ること千余里で対馬国（現長崎県対馬市）に至る。大官を卑狗、副官を卑奴母離という。絶海の孤島で周囲は四百余里ばかり。土地は山が険しく森林が多い。道は獣道のようである。住居は千余戸あるが良田はなく、海産物を食べて自活し、舟に乗って、南北に行き交易している。一九二四年から二五年頃、私の恩師の後藤守一先生は一人で対馬を回った。たいへんな思いをされたのであるが、それをまとめたのが『考古学雑誌』に発表した「対馬瞥見録」だった。私は一九五二年の大学院生の頃に、後藤先生に呼ばれて、「おまえは古墳時代から弥生時代を勉強するのだから、対馬へ行ってこい」と言われて行ったことを覚えている。

現在は北対馬と南対馬は橋でつながっており、立派なバスも通行しているが、当時はまったくの孤島だった。後ろに幅の狭い板をとりつけた、本来は郵便物を運ぶオート三輪に乗せてもらって、北対馬を巡った。まさに「禽鹿の径の如し」で、道には人の姿はほとんどなく、鹿や猪が闊歩するような島だったことを思い出す。

又、南一海を渡ること千余里。名づけて瀚海という。一大国に至る。官をまた卑狗といい、副を卑奴母離という。方三百里ばかり。竹木叢林多く、三千ばかりの家あり。やや田地ありて、田を耕せども、なお食は足らず。また南北に市糴す。

また南に海を渡ること千余里。その海は瀚海。瀚海とは大海の意とされている。一大国は書き間違いで、一支国＝壱岐国（現長崎県壱岐市）のことであるというのが、明治以来、学者の一致した見解である。

官は対馬国と同じく卑狗、副官を卑奴母離という。四方は三百里ばかり。竹林が多く、三千ばかりの家があった。いくばくかの田を耕してはいるが、食料が不足しているので、南北各地と交易していたとある。

壱岐には旧石器時代からの遺跡がある。なかでも原ノ辻遺跡は、壱岐島東部・幡鉾川下流にあり、弥生時代前期から古墳時代初期にかけての大規模環壕集落を中心とする遺跡で、二〇〇〇年（平成十二）には国の特別史跡に指定されている。ここは「魏志倭人伝」に登場する「一大国」の国都と考えられている。二〇〇九年には遺跡が整備され、二〇一〇年に博物館もオープンしている。

又、一海を渡ること千余里。末盧国に至る。四千余戸あり。山海に浜いて居す。草木茂盛し、行くに前人を見ず。好んで魚鰒を捕え、水深浅となく、皆沈没してこれを取る。

また、千余里ほど海を渡ると末盧国。末盧国というのは現在の佐賀県東松浦郡。呼子から唐津付近である。四千戸余りが山麓や沿岸沿いに居住している。前を行く人が見えないほどに草木が生い茂っている。ここでは好んで魚や鰒を捕っていたようで、水の深い浅いに関係なく、海にもぐって魚貝を捕っていた。

一九四四年、空襲が激しくなった頃、防空壕掘削中に佐賀県の唐津市桜馬場遺跡の甕棺から後漢時代に流行した方格規矩四神鏡が二面と、二十六個の青銅製の腕輪（釧）などが発掘された。このことから、北部九州では弥生後期段階には国産の青銅器を作っていたことがわかる。二〇〇七年の再調査の結果、桜馬場遺跡は末盧国の王墓と考えられるようになった。

また唐津市には弥生中期前半の宇木汲田遺跡がある。その甕棺からは、朝鮮半島製の多鈕細文鏡、つまり、朝鮮半島から入ってきた鏡が出ている。

その他、青銅製武器や銅釧・玉類などの副葬品をもつ墓が多く、中国系副葬品を多く埋納する段階の墓よりも早い時期の墓であることがわかっている。

東南へ陸行すること五百里。伊都国に到る。官を爾支といい、副を泄謨觚柄渠觚〈えいもこ・いきょこ〉という。千余戸あり。世々王ありて、皆女王国に統属す。郡使の往来、常に駐する所なり。

東南のほうに陸地を五百里ほど行くと伊都国に着く。伊都国は現在の福岡県糸島市を中心に福岡市西区の一部までふくむ糸島地方に存在したと考えられている。現代でも糸島市には「怡土」と呼ぶ地域が残っている。

ここでは官を爾支といい、副官を泄謨觚・柄渠觚といっていたとある。住居は千戸余り。代々王がいるが、みな女王国に属している。帯方郡使が来る際にはかならず滞在していたところ、とある。

伊都国に比定される糸島市の三雲南小路遺跡の甕棺一号墓からは江戸時代の文政五年（一八二二）

に前漢鏡三十五面をはじめ、細形銅剣・銅矛、璧、玉類などが発見されている。

その遺跡と思われる東西三二メートル×南北二二メートルの長方形の墳丘墓が、一九七五年に福岡県教育委員会によって発掘調査され、金銅四葉座飾金具や、新たに二号甕棺から中国銅鏡二十二面以上が出土した。

また三雲南小路遺跡の南約一〇〇メートルあたりにあると思われる井原鑓溝遺跡からは、江戸時代の天明年間（一七八一〜八九）、後漢の方格規矩鏡を主とした銅鏡二十一面を副葬した甕棺が発見されたという記録がある。

また伊都国の平原王墓からは、一九六五年の調査で東西一三メートル×南北九・五メートルの方形周溝墓が発見された。真ん中に土壙が掘られ、さらにその中央に木棺を葬った穴があり、その棺外から鏡四十面分の破片が発掘されていた。大きな鏡をわざわざうち割って土壙に入れてあったのである。なぜこういう行為をしたのかわかっていない。

いずれにしても、北部九州のなかでも、伊都国がセンターのような、重要な役割を担ったのではないかと、多くの研究者は指摘している。

平原遺跡では方形周溝墓にひとりの人物を埋葬していた。調査をした原田大六氏は東南東にある日向峠から太陽が昇ると、まずはじめに、足を広げ逆さまに埋葬された女性の股に太陽の光があたる、それで死者が再生すると信じられていたので、木棺の位置もその方向にしたのだと発言されている。

墳丘の規模や副葬品からは、平原の遺跡は伊都国の王墓と考えざるをえない。

東南、奴国（なこく）に至るには百里。官を兕馬觚（しまこ）といい、副を卑奴母離という。二万余戸あり。

東南の方に百里行くと奴国に着く。官を兕馬觚といい、副官を卑奴母離という。住居は二万戸余り。奴国はいまの博多付近。福岡市の東南に春日丘陵と呼ばれる丘陵があるが、ここには弥生時代の墳墓・遺跡があり、青銅器生産関連の遺物が多く発見されている。

明治三十二年（一八九九）に須玖岡本D地点の甕棺内から前漢鏡三十一面と銅剣・銅矛・銅戈（どうか）が発見され、「魏志倭人伝」に記された奴国の王墓とみられ、今日まで、多くの研究者の意見がほぼ一致している。

邪馬台国の時代は青銅器が祭器として使われていた時代でもあり、古墳出現の時代とも重なる。鏡だけではなく、今後は青銅器が問題になってくるだろうと思われる。

東行して不弥国（ふみこく）に至るには百里。官を多模（たま）といい、副を卑奴母離という。千余家あり。

東へ百里行くと不弥国に着く。官を多模といい、副官を卑奴母離という。不弥国の副官の呼び方は対馬・一支・奴国と同じである。千戸余りの家がある。

不弥国は前漢鏡を出土した立岩堀田（たていわほった）遺跡のある飯塚市ではないかという意見が支配的だった。ところが、二〇〇九年に発見された宗像（むなかた）市の田熊石畑（たぐまいしはたけ）遺跡（紀元前二世紀から紀元前一世紀に築造）から弥生時代の銅剣や銅戈・銅矛合計十五本が出土した。

北部九州では、弥生時代中期から青銅武器が副葬されはじめる。この弥生時代中期前半（紀元前二世紀）の一号木棺墓から、副葬品として青銅武器の細形銅剣四本と銅戈一本が出土した。銅剣は長さ二七～四三センチメートル、銅戈は長さ二四センチメートル。

発掘調査にあたった宗像市教育委員会は、弥生時代中期前半の墓から出土した青銅武器としてはもっとも数が多いとして、一帯を治めた有力首長の墓だろう、としている。

またこの遺跡は最終的に六基の木棺墓が発掘され、そのすべてから青銅武器が出土し、その八割が銅剣で、輸入品とみられる。もしかするとここは海岸沿いでもあり、このあたりが不弥国にあたるのかもしれない。

そうであれば、従来いわれてきた不弥国は、嘉穂（かほ）郡の炭鉱の街だった飯塚市界隈ではなく、玄界灘に面した宗像大社のある宗像市を中心とした一帯という可能性も出てきた。この考古学的な事実によって従来の説がくつがえるかもしれない。

> 南、投馬国（とうまこく）〈つまこく〉に至るには水行二十日。官を弥弥（みみ）といい、副を弥弥那利（みみなり）という。五万余戸ばかりあり。

南へ水行二十日ほどで、投馬国に着く。多くの学者は投馬を「つま」と読んでいる。ここは五万戸余りある。

投馬国とはどこなのか。どこの地点から南なのかがはっきりしない。放射式に読めば伊都国から南へとなるが、直線式に行くと読めば不弥国から南となる。

そのまま南とすれば宮崎県の西都原（さいとばる）古墳群のある西都市妻町、南を東と読みかえると瀬戸内地方の岡山あたりか、あるいは出雲という説もあるが、投馬国に至るには、南、水行二十日と記されている。

南、邪馬壹国に至る。女王の都する所なり。水行十日、陸行一月なり。官に伊支馬（いくめ）〈いきま〉あり、次を弥馬升（みましょう）〈みまと〉といい、次を弥馬獲支（みまかし）〈みまわけ〉といい、次を奴佳鞮（なかと）〈なかで〉という。七万余戸ばかりあり。

南へ水行十日、陸行一月ほど行く、とあるが、これをどのようにして読むのか。前述の投馬国と同様に、南へとあるのは東の書き誤りで、東へと読みかえるべきだという見解もある。東へ水行十日とすれば、瀬戸内海を通って近畿・奈良へ行くのではないかという主張である。先に紹介した榎一雄氏のように、伊都国がどうやら政治的な中心地になっているから、伊都国から発進して舟と、陸を行くこと一ヵ月という読み方をすべきだという見解もある。女王の都で七万戸余りある。

邪馬台国をめぐる議論のなかで、邪馬台国の国名をどう読むかという論争がある。古田武彦氏は、邪馬台国は誤りで、正しくは邪馬壹国（やまいっこく）であると主張されている。一番古い版本では邪馬壹国となっているのだから邪馬壹国が正しいという主張である。

しかしほとんどの文献学者や東洋史学者によれば、ほかの中国の文献と比較検討した結果、邪馬壹国は書き誤りであって、邪馬臺（台）国が正しいというのが一致した見解で、こちらが定説になっている。

「魏志倭人伝」の二千字足らずの文章のなかで、邪馬台国と出てくるのは、ここ一ヵ所だけで、あとは女王国となっている。

南に行くと邪馬台国があり、邪馬台国は女王が都するところである。そして邪馬台国には七万余戸があったと書かれている。しかし筆者は、朝鮮史を専門にしている学者からは、「大塚さん、『韓伝』を見なさい。馬韓なんかの賑(にぎ)やかな港町で五千戸だよ。それが投馬国で五万余戸、邪馬台国に至っては七万余戸。大きすぎませんか。このままの戸数を信じるわけにはいかないよね。朝鮮半島にかかわる文献を見て、近似性を見たほうがいい」という忠告を受けている。

しかし馬韓の賑やかな港町で五千戸というのは町。邪馬台国や投馬国は国。その範囲がどのくらいであったかわからない以上、戸数は重要な情報であり、せっかく記された情報をまちがいだとか意図的に多く書いた、と考えるのももったいない気がする。

> 女王国より以北はその戸数道里を略載し得(う)べくも、その余の旁国(ぼうこく)は遠絶にして詳(つまび)らかにすることを得べからず。

女王国より北にある国々の、その戸数や道のりは簡単に記載できるが、それ以外の国はとても遠くにあるため詳細をあきらかにすることはできない、とある。この記述は、倭国の範囲や狗奴国の場所を考えるうえで重要である。

> 次に斯馬国あり、次に已百支国〈いはきこく〉あり、次に伊邪国あり、次に郡使国あり、次に弥奴国あり、次に好古都国〈こくつこく〉あり、次に不呼国あり、次に姐奴国あり、次に対蘇国あり、次に蘇奴国あり、次に呼邑国あり、次に華奴蘇奴国あり、次に鬼国あり、次に為吾国〈いがこく〉あり、次に鬼奴国あり、次に邪馬国あり、次に躬臣国あり、次に巴利国あり、次に支惟国あり、次に烏奴国あり、次に奴国あり。これ女王の境界の尽きる所なり。

二十一の国がずらりと挙げられている。もちろんこの国名の読みがこのとおりであったかどうかはわからないが、最後に奴国あり、つまりここが女王国の境界の尽きるところであるとしている。この奴国が先に紹介した奴国を指しているのかどうかの議論もある。

『後漢書』を編集した范曄は、『三国志』の条項（「魏志倭人伝」）を参考にして国名を記している。しかし、「魏志倭人伝」に書かれていないことが『後漢書』には書いてある。これは別の伝えが存在したということなのか、それも疑問である。

> 其の南に狗奴国あり、男子を王となす。其の官に狗古智卑狗〈くこちひこ〉あり。女王に属さず。郡より女王国に至るには万二千余里なり。

その南のほうに狗奴国があり、男子を王としている。南がそのまま南であるのか、それとも、南ではなく東の書きあやまりなのか。

『後漢書』には「女王国より東、海を千余里度ると狗奴国に至る。皆倭種といえども女王に属さず」

と書かれている。『後漢書』では狗奴国は女王国の東となっているが、いずれも邪馬台国と狗奴国は一線を画していて違う国であるとしている。男子が王でこの国は女王国に属してはいない。女王国の統治がおよんでいないのである。

郡より女王国に至るには、一万二千余里である。郡というのは帯方郡のことである。

邪馬台国は女王卑弥呼が都しているところであり、邪馬台国は卑弥呼によって統治されていた国であるというのはまちがいない。

これまでの文献史学者の多くは、女王は邪馬台国だけを統属していたのではなく、奴国の南に位置する狗奴国以外、壱岐、対馬からはじまる国はすべて女王・卑弥呼の邪馬台国が統属する倭国であると指摘している。

考古学的には、弥生時代の環壕集落論や、鉄器や青銅器の分布論などが展開されているが、まだ全体を見通すには至っていない。どこまでが倭国の範囲であるのかをふくめ、倭、倭人、倭国と邪馬台国との相関関係をきっちりと整理しておく必要がある。

> 男子は大小となく、皆黥面文身す。古より以来、其の使の中国に詣るもの、皆自ら大夫と称す。夏后少康の子、会稽に封ぜられしに、断髪文身し、以て蛟龍の害を避く。今、倭の水人、よく沈没して魚蛤を捕う。文身はまた大魚水禽を厭わさせるを以てするも、後に稍〈ようやく、やや〉以て飾となすなり。諸国の文身は各々異なり。あるいは左にあるいは右にし、あるいは大にある

> いは小にして、尊卑差あり。

男は、大人も子どもも、みんな顔に刺青をして体に文様が描かれている、とある。また、昔よりこの国の遣いは中国へやってくると皆自分のことを大夫と言った、とあるが、大夫は官の名称だったのか。

夏の帝、少康（第六代帝）の子が会稽に領地をもらった時、頭髪をそり、体に刺青をして蛟龍（龍の一種で、うろこのある龍）の害を避けた。

倭の水人は、魚や蛤を捕るためによく潜ったりするが、体に刺青をするのは大魚や水鳥を追い払うためのまじないとしてで、後にこの刺青は、飾りとなった、とある。また国によって体の刺青の様子がちがい、身分によって差があったようである。

> 其の道里を計るに、まさに会稽東冶の東にあるべし。其の風俗淫ならず。男子は皆露紒〈ろけい〉し、木綿を以て頭に招ぐ。其の衣は横幅にて、ただ結束して相連ね、略〈おおむね〉縫うことなし。婦人は被髪屈紒す。衣を作るは単被の如く、其の中央を穿ち、貫頭これを衣る。

この国はどのあたりにあるかというと、会稽の東冶の東、とある。会稽というのはいまの浙江省・紹興あたりのことで、東冶というのは福建省・閩侯（いまの福州）であるとされる。沖縄・那覇の真西のあたり。紹興の東あたりは奄美大島という位置関係である。

邪馬台国沖縄説もあるが、この記述は、「魏志倭人伝」の南をそのまま南として読んだときの位置関係と矛盾はない。

住民の風俗は淫らではなく、男は御髻（頭頂から左右に分け、耳の前で結んで垂らした髪形）にして、木綿の布を頭にかぶり、その衣は横長で、ただ束ねて結んだだけで、ほとんど縫うことはない。婦人も髪を曲げて束ねている。衣服は一重の布の真ん中に穴をあけて首を通してこれを着ている。

禾稲・紵麻を種え、蚕桑緝績し、細紵縑綿を出す。其の地には牛・馬・虎・豹・羊・鵲なし。兵には矛・楯・木弓を用い、木弓は下を短く上を長くす。竹箭はあるいは鉄鏃、あるいは骨鏃なり。有る無しは、儋耳・朱崖と同じ。

稲と麻を植え、蚕に桑を与えて糸を紡ぎ、絹糸や綿糸などを作る。牛、馬、虎、豹、羊、鵲などはいない。兵は、矛、楯、木弓などを用い、木弓は、上が長く、下は短くしている。竹箭は鉄の矢じり、あるいは骨鏃である。（海南島の）儋耳や朱崖などと同じ。

この記述のように、二～三世紀の日本列島にほんとうに牛や馬がいなかったのか、どうであろうか。

倭の地は温暖にして、冬夏生菜を食す。皆徒跣なり。屋室ありて、父母兄弟、臥息する処を異にす。朱丹を以て其の身体に塗る、中国の粉を用うるが如くなり。食飲には籩豆を用い、手食す。

倭の地は温暖で、冬も夏も生野菜を食べている。みんな裸足である。家には部屋があり、父母、兄弟、別に寝る。朱丹を体に塗る。これは中国の人が粉を塗るようなものである。

生きているあいだにも朱丹を体に塗っていたということであろうか。食事には竹の器を使い、手で食べる、という記述も興味深い。三輪山の神との神婚伝説のなかでは姫が箸で女陰を突いて死んだと記されているので、当時箸がなかったのかということは、箸墓と邪馬台国の関係を考えるうえで重要な問題となる。

> 其の死には棺あれど槨なく土を封じて冢を作る。始め死するや喪〈も〉に停まること十余日、時に当たりて肉を食わず、喪主哭泣し、他人は就いて歌舞飲酒す。すでに葬れば、家を挙げて水中に詣りて澡浴し、以て練沐の如し。

その死に際しては棺はあるが槨はない、土を盛って塚をつくる、とあるのは重要な点である。日本の古墳で棺はあるけれど槨はない、という葬り方をしているのはいつの時代のどの地方の墓なのかが問われる。近年、木棺木槨墓、つまり棺もあり槨もあるという墓の類例が増加してきたことは注目すべきことである。

喪に服すのは、十日余りで、その間は肉を食べない。喪主は泣きわめき、他の人は歌ったり踊ったり飲酒をする。埋葬が終わると、家中の人が水中に入り、洗い清める。それはまるで中国の練沐のようであると。

三世紀前半には、宗教のようなものがあり、葬儀はそれにのっとっておこなわれたことがわかる。しかも中国でおこなわれていた練沐と同じ、という記述も中国の宗教的慣習との関わりにおいて興味深い。魏の時代以前に中国と同じ慣習を有していたことになる。

其の行来、渡海して中国に詣るには、恒に一人をして頭を梳らず蟣蝨を去らず、衣服垢汚し、肉を食わず、婦人に近づかず、喪人の如くせしむ。これを名づけて持衰となす。もし行く者吉善なれば、共に其の生口と財物を顧し、もし疾病あるか、暴害に遭えば、便ちこれを殺さんと欲す。其れ持衰謹まずと謂うなり。

中国への遣いは渡海の際に、つねに呪術者のような人を乗せていったとある。その呪術者を持衰という。髪の手入れをせず、しらみをとらず、服は垢で汚れたままで、肉を食べず、婦人を近づけず、まるで、喪に服しているかのようにさせていた、という。

もし、旅がうまくいけば、人びとは持衰に生口、財物を与え、もし病気や、暴風にあえば、持衰を殺そうとする。なにもかも、持衰が身を慎まなかったせいだというのである。まさに命がけの航海となる。

真珠・青玉を出す。其の山に丹あり。其の木には柟・杼・予樟・楺・櫪・投・橿・烏号・楓香あり。其の竹には篠〈じょ〉・簳・桃支あり。薑・橘・椒・蘘荷あるも、以て滋味となすを知らず。獮猴〈びこう〉・黒雉あり。

倭国では真珠や青玉がとれる。山には赤土が出る。樹木は梅、ドングリ、クスノキ、ボケ、クヌギ、スギ、カシ、ヤマグワ、カエデ、竹は、シノダケ、ヤダケ、カヅラダケがある。また、ショウガ、タチバナ、サンショウ、ミョウガなどもある。しかし、味を慈しむことを知らない。オオザルやクロキジもいる。

橘があるという記述は注意が必要である。『日本書紀』の垂仁天皇の項に、常世国から非時の香菓を持ち帰った田道間守が垂仁天皇がすでに亡くなったと知って、御陵に行き泣き叫び、自ら死んでしまったという話が記されている。『古事記』でもこの香菓を「常世の国の時じくの輝の木の実」、すなわち橘としているのである。垂仁天皇の実年代は、邪馬台国時代の前か後か。

最近、考古学研究での年代決定論が揺れ動き、年代が古くなる傾向がある。自然科学による年代決定と文献記載事実との相違については将来の検討にまつことになろう。

其の俗、事を挙げ、行来に云為する所あれば、輒ち骨を灼きて卜し、以て吉凶を占い、先ず卜する所を告ぐ。其の辞は令亀の法のごとく、火坼を視て兆を占う。

この国では、何かを命令したり、おこなうにあたって、まず骨を焼き、卜占する。この占いの方法は中国の亀卜に似ている、とある。亀の甲羅を焼くことでできた裂け目を見て吉兆か凶兆かを占う。日本の弥生時代の卜占の実証例は増加しつつあり、島根県の古浦遺跡からは鹿の骨、神奈川県三浦半島の海蝕洞窟からも鹿骨卜占例が出土しているし、壱岐の原ノ辻遺跡とカラカミ遺跡からは十七例も出土している。

其の会同・坐起には、父子男女の別なし。人性酒を嗜む。〈魏略に曰く。其の俗、正歳四節を知らず。但し春耕秋収を記し、年紀となす。〉大人を見るに、敬する所はただ手を搏ち、以て跪拝に当つ。

倭人の会合は同じところに座し、父子、男女の区別がない。人は酒をたしなむ。注釈として、〈魏略によると、暦や四節気を知らず、ただし、春耕し秋収穫を記してそれを年紀としている。〉とあり、正確な暦はなかったと記されている。大人に敬意をあらわすときは、跪拝するかわりに手を搏つ。

其の人の寿考、あるいは百年、あるいは八、九十年なり。其の俗、国の大人は皆四、五婦、下戸もあるいは二、三婦あり。婦人淫せず、妬忌せず、盗窃せざれば、諍訟少なし。

その人たちは皆長生きで百年、もしくは八、九十年生きる。その国の風俗は、偉い人は皆四、五人の妻があり、庶民でも、二、三人は妻がいる。婦人は、淫らでなく、嫉妬もしない。泥棒がいないので訴訟などはあまりない。

こういうことは考古学ではわからない。集落の発掘をしても、四、五人の妻がいた、あるいは二、三人の妻がいたというようなことはまったくつかめない。

其の法を犯すや、軽き者は其の妻子を没し、重き者は其の門戸を滅し、宗族に及ぼす。尊卑各々差序あり。相臣服するに足る。租賦を収むるに邸閣あり。国々に市ありて、有無を交易し、大倭をしてこれを監せしむ。

もし法を犯すと、軽い罪ならその妻子を取り上げる。重い罪はその家を滅ぼし一族まで罪が及ぶ。身分の上下にはそれぞれ差がある。お互いの上下関係はうまくいっているようである。税を納めるために、倉庫もある。国ごとに市があり、お互い、あるものないものを交換しあっている。大倭がこれを監視している。

女王国より以北には、特に一大率を置きて、諸国を検察せしむ。（諸国）これを畏憚す。常に伊都国に治す。国中に刺史の如きあり。王、使を遣わして、京都・帯方郡・諸韓国に詣ること、及び郡の倭国に使するや、皆津に臨みて捜露し、伝送の文書・賜遣の物は、女王に詣らしめ、差錯することを得ざらしむ。

女王国より北には、特に一大率という官を置いて、諸国を監視させている。諸国は官をたいへん恐れている。一大率はつねに伊都国にいるが、国中に刺史（中国の漢・唐の時代の州の長官）のごときものがある。

王が遣いを送って魏の都・洛陽や帯方郡や韓国に行ったり、または郡が倭国に遣いを派遣したりしたときはみな港で捜索し、送った文書や贈り物などは、女王のもとに運ばせ不足や食い違いがないようにしている。

魏の遣いは伊都国に滞在していて邪馬台国には行っていないという意見もある。

下戸、大人と道路に相逢えば、逡巡して草に入る。辞を伝え、事を説くには、あるいは蹲り、あるいは跪き、両手を地に拠せて、これを恭敬とす。対応の声には噫〈あい〉と曰う。おおむね然諾の如し。

身分の低い者が、身分の高い人と道で出会うと、後ずさりして草むらに入る。何かを話したり、説明したりするときは両手を地に着けてひれ伏し、尊敬するときの対応としている。返事をするときは「おお」という。それは同意（承諾）するということのようである。

この記述によると、すでにこの頃、身分の差はかなりあったように思う。弥生時代の二世紀、三世紀に、邪馬台国をふくむ倭国や奴国や伊都国や末盧国で、同じような習俗があったかどうかまではわからない。

> 其の国、本亦男子をもって王となす。往まること七、八十年。倭国乱れ、相攻伐すること歴年、すなわち共に一女子を立てて王となす。名を卑弥呼と曰う。鬼道に事え、能く衆を惑わす。年已に長大なるも、夫壻なし。男弟ありて、佐けて国を治む。王となりてより以来、見る有る者少なし。婢千人を以て自ら侍らしめ、ただ男子一人ありて、飲食を給し、辞を伝え居るところに出入す。宮室は楼観・城柵、厳かに設け、常に人あり、兵を持して守衛す。

その国はもと男子を王として七、八十年続いた。倭国は乱れ、何年ものあいだ戦いをしていた。そこで、国々は共に一人の女子を立てて王にした。名前を卑弥呼という。鬼道をおこなって人びとを惑わせる。年はすでに長大で、夫や婿はいない。弟がいて政治を助けている。卑弥呼が王になってから、卑弥呼を見たものは少なく、千人ぐらいの婢が身の回りの世話をしている。男一人が、飲み物や食事を給仕したり、命令を伝えたりするために、出入りを許されている。宮殿には楼閣や、城柵などが厳重につくってあり、兵がつねに武器をもち警護している。

いよいよ、ここからが邪馬台国論の本丸である。「其の国」というのは、邪馬台国のことか、倭国のことか、ということである。

私どもは考古学の研究者であるから、読み流してしまうのであるが、文献史学の研究者は綿密に検討している。前後の文脈からいって邪馬台国なのかどうか。邪馬台国では男子をもって王となしたことがあったのかどうか。解釈の仕方によっては、倭国であるということもできる。

とどまること七、八十年。つまり男の王が七、八十年治めていたが、倭国あるいは邪馬台国が乱れて何年ものあいだ戦闘状態になり、そこで一女子を共立して、王となした。その女王を卑弥呼というのだと。

卑弥呼は、じつはどう読むのかわからない。日巫女(ひみこ)、日御子(ひみこ)、姫御子(ひめみこ)、日女子(ひめこ)、姫子(ひめこ)など男性の敬称「ヒコ（日子）」に対する女性の敬称ともされている。

日向(ひみか)〈ひむか〉は、九州説だった作家松本清張氏の主張で、九州の日向(ひゅうが)（日向国）と関係するとのこと。このほか諸説あるのであるが、古代日本語の音韻論を基本に考察しなければならないのは当然のことである。また、魏で「卑弥呼」と表記されたわけであるから、魏の音韻論、表記論も考察されなければならない。

「卑」の文字は、いい意味ではない。卑猥、卑俗、卑下、訓読みはいやしい等々。一国の王を表記するにしてはあまりに失礼ではないかと文献研究者は言うのであるが、当時の中国では日本を「倭」

という、「小さい」を意味する字をつかって表記していた。

ただこれは日本だけの使い方ではない。モンゴルは蒙古。朝鮮は鮮卑。南の国は南蛮。西は西戎。北は北狄。東は東夷。まともな字は使われていない。もともと中華とは「中心の国の優れた華麗な文化」などという意味で、周辺国には漢字で虫や獣のつく字などをわざと当てていたのだという研究者もいる。

卑弥呼が共立されるのは後漢の一八〇年代。弥生時代後期にあたる。北部九州の土器編年でいうと、高三潴式と下大隈式という土器が普及していた時代。日本の近畿地方では庄内式土器が始まる頃の時代である。

ともあれ、卑弥呼は鬼道につかえ、婢千人をはべらしている。宮室・楼観・城柵をおごそかに設け、つねに人がいて、兵が守衛していたということは、卑弥呼の宮殿と婢千人の居所、そして兵の守衛するいちばん外側の部分と三重の構成になっていたということになる。当時は宮殿などではなく、小屋程度のものであったという見解が多いようであるが、土器などには、中国風の三層の建物などの描かれたものもあるので断定はできない。

一人だけ出入りを許されているという、この男性は、卑弥呼とどういう関係なのかということも議論を呼ぶ。

卑弥呼はかなりの高齢という解釈が一般的であるが、夫や婿はいない。独身とは書いてないのであるが、年は長大というのであるから、老人になるまで生涯をずっと独身で通したのであろう。『後漢書』は「年長不嫁」と記している。

「魏志倭人伝」の「年は長大だが夫や壻はない」という記述より『後漢書』の「年長になっても嫁(ゆ)かず」という記述のほうがより具体的でわかりやすい。かつては夫か婿がいたかもしれない、という疑いがまったくない。卑弥呼は、はじめから嫁いでいなかった。ずっと独身だったということになる。後世の『日本書紀』などに散見する伊勢斎宮などの記述を見ても、斎宮は独身でなければならなかった。

「魏志倭人伝」は卑弥呼がおこなっていた呪術を「鬼道」と記す。そもそも鬼道とはどのようなものなのか。それについては「魏志倭人伝」と『後漢書』では微妙に記述が異なる。

「魏志倭人伝」「事鬼道能惑衆。」

『後漢書』　「事鬼神道。能以妖惑衆。」

『後漢書』は「鬼神道」という言葉を使っている。鬼道と鬼神道の違いも考える必要があるだろうが、いずれにしても卑弥呼はシャーマン的な性格をもった女性だった。『古事記』や『日本書紀』には、随所にそれを思わせる記述がある。「仲哀(ちゅうあい)天皇紀」では、神が神功皇后に託(かか)って新羅国(しらきのくに)へ兵を出すように言う。神の御魂代(みたましろ)（依り代）となり、神の代わりにお告げをするのである。神事や、「おみくじ」も神託としての預言や啓示としてあるわけである。鬼神道の言葉がより的確に響く。

本居宣長は著書『馭戎概言』で、『後漢書』の「一女子有り」という記述は、中国人が三韓から気長足姫尊（神功皇后）のことを伝え聞き、誤った情報も交えて記したものととらえ、さらに、「妖を以て衆を惑わす」というのは、中国人が日本の神道を知らなかったためにこのように誤って書いたものであるといったことを記している。本居宣長は、卑弥呼の鬼道を、日本の神道の元であると考えていたわけである。

先にも少し紹介したが、鬼道に必要な鹿などの肩胛骨や尺骨、肋骨などの出土が最近の発掘で増えている。邪馬台国ではこうした卜骨、骨占いがおこなわれていたことはまちがいない。

元広島大学教授の重松明久氏は著書『邪馬台国の研究』のなかで、卑弥呼の鬼道は道教的なものとしている。もしも卑弥呼の鬼道が道教的な色彩の濃いものであるのなら、道教はすでに三世紀の日本に入ってきていたと考えざるをえなくなる。

また楼閣や城柵を設けた宮室は、邪馬台国の女王卑弥呼の住んでいるところ。高島忠平氏が中心となって発掘した佐賀県吉野ヶ里遺跡では、二重の環壕がめぐらされていて、大きな柱穴があった。建築学者はそれを十数メートルから二〇メートルを超える高見櫓の跡だと指摘している。

そういう敵をいつも見張るところがある場所こそ、宮室である、と。さらに大型竪穴住居や、城柵が発掘されたので、吉野ヶ里こそ、邪馬台国の卑弥呼のいたところだと注目を集めた。

「吉野ヶ里に立って周りを見渡すと、邪馬台国が見える」と高島忠平氏が語ったので、マスコミにとりあげられたこともあった。では、吉野ヶ里が邪馬台国かというと、残念ながら吉野ヶ里は邪馬台国よりも少し前の時代の遺跡なのである。

　女王国の東、渡海千余里にしてまた国あるも、皆倭種なり。また、侏儒国あり。其の南にありて人の長三、四尺。女王を去ること四千余里。また裸国・黒歯国あり。また其の東南にありて船行一年にして至るべし。倭の地を参問するに、海中の洲島の上に絶在し、あるいは絶え、あるいは連なり、周旋五千余里ばかりなり。

　女王国から東へ千里ほど海を渡っていくと、また国がある。みな倭と同じ人種である。また侏儒国があり、その南には小人の国がある。身長は三、四尺。『人間尺度論』（戸沼幸市著、彰国社、一九七八）を参考にすると、魏の一尺は二四・一二センチメートル。とすると、七二・三六センチメートルから九六・四八センチメートルくらいとなる。その国は女王国から、四千余里離れている、というのである。

　また、裸国や黒歯国があって、東南の方角に船で一年ほどで行ける。倭の地を参問（人びとに問い合わせてみる）すると、海のなかにある島々の上に絶在していて、離れたり連なったりして、周旋（ぐるっとめぐる）すれば五千余里ほどであるとしている。対馬国から一支国＝壱岐国が千余里、また千余里ほど海を渡ると末盧国（現在の佐賀県東松浦郡）と記されているので、その五倍程度とすると、四国か九州かという大きさであろうか。

　しかし、この情報は、参問、つまり人に聞いたところでは、ぐらいの意味であるから、あてにはならない。

景初二年六月、倭の女王、大夫難升米〈なとめ〉等を遣わし郡に詣り、天子に詣りて朝献せんことを求む。太守劉夏、吏将を遣わし送りて京都に詣る。

景初二年（二三八）六月、倭女王卑弥呼は大夫難升米らを派遣し、郡に来て、中国の皇帝に朝献を求めた。太守の劉夏は、役人の大将を遣わし彼らを都（洛陽）に送らせた。

「魏志倭人伝」の二千字足らずの文章のなかにある、景初二年六月、卑弥呼が魏の皇帝に遣いを送ったという記述。「はじめに」でも紹介したが、この景初二年六月は、中国の他の資料を分析すると、景初三年六月の書き間違いであると、多くの専門家は指摘している。景初二年八月に遼東半島の公孫氏は魏に滅ぼされ、魏は楽浪郡・帯方郡を奪還したという理由である。

その公孫氏を魏が制圧したため、邪馬台国は帯方郡を経て、魏の洛陽に遣いを出した。つまり女王卑弥呼が難升米らを遣わしたのは景初三年、西暦二三九年で、難升米らが朝鮮半島の帯方郡に至って、太守（長官）の劉夏が、卑弥呼の遣いを高官に案内させて、実際に中国本土の魏の都まで行き、そして翌年元日に、皇帝が亡くなり、改元して正始になったというのである。

こうした遼東半島の政治的状況や公孫氏の動向からすると、たしかに景初三年とする方が辻褄が合う。しかし皇帝の死が景初三年元日であるとすると、卑弥呼の遣いは新皇帝に朝献したことになるのか。魏は正始五年（二四四）、高句麗の首都を陥落させるなど勢いがあったのであるが、内部での権力争いにより、正始十年（二四九）には、クーデターが起こるなど中枢は不安定な状況にあった。

この頃の楽浪郡、帯方郡と魏そして倭国の関係がどのようなものであったのかが垣間見えてくる。この緊迫した半島情勢のさなか、魏に遣いを送ったのは卑弥呼自身なのだろうか。邪馬台国は敵対する狗奴国を押さえこむために魏に頼らざるをえなかったという事情もあったと思われるが、この時代、東アジア全体が激動の社会情勢にあったことはじゅうぶん考慮する必要がある。三世紀の邪馬台国の女王卑弥呼は、帯方郡を通じて北東アジアの新しい情報を必死に得て、それに対応する動きをしていたのである。卑弥呼、あるいはそのブレーンは外交にかなり力を注いでいたといえるのではなかろうか。

其の年十二月、詔書して、倭の女王に報じて曰く、
「親魏倭王卑弥呼に制詔す。帯方太守劉夏、使を遣わし、汝が大夫難升米〈なとめ〉、次使都市牛利〈つしごり〉を送り、汝が献ずる所の、男生口四人・女生口六人、班布二匹二丈を奉じて以て到る。汝がある所、踰に遠きも、乃ち使を遣わして貢献す。これ汝の忠孝、我甚だ汝を哀れむ。今汝を以て、親魏倭王となし、金印紫綬を仮し、装封して帯方の太守に付して仮授せしむ。汝、其れ種人を綏撫し、勉めて孝順をなせ。汝が来使難升米・牛利、遠きを渉り、道路勤労す。今、難升米を以て率善中郎将となし、牛利を率善校尉となし、銀印青綬を仮し、引見して労賜遣還す。

今、絳地交龍錦五匹・絳地縐粟〈こうじすうぞく〉罽十張・蒨絳五十匹・紺青〈こんじょう〉五十匹を以て、汝が献ずる所の貢直〈こうち〉に答う。また特に汝に紺地句文錦三匹・細班華罽五張・白絹五十匹・金八両・五尺刀二口・銅鏡百枚・真珠・鉛丹各五十斤を賜い、皆装封して難升米・牛利に付す。還り到らば録受し、悉く以て汝が国中の人に示し、国家汝を哀れむが故に、鄭重に汝に好物を賜うことを知らしむべし」と。

その年の十二月、皇帝から倭の女王に詔が下される。「親魏倭王卑弥呼に詔を下す。帯方郡の太守の劉夏が、遣いをよこして汝の大夫難升米と、次使の都市牛利を送ってきて、男四人女六人の奴隷、縞文様の織物二匹二丈を献上するため、都へ至った。汝のいるところははるか遠くにもかかわらず、遣いを送って貢ぎ物を持ってこさせた。これは汝の忠孝であり、私は汝に好意をもった。そこで、汝を親魏倭王となし、金印紫綬（紫の組みひも）を与える。装封して帯方太守に託し、授けよう。汝は、国民を教えさとし魏に孝順するよう努めるがよい。汝の遣いの難升米と都市牛利は遠路を渡り労を努めた。そこで、難升米には率善中郎将、牛利には率善校尉という位を与えて、銀印青綬を与えよう。二人を引見し、慰労してから、記念品を与え帰国させる。今、赤いつむぎの布に二頭の龍を配した絹織物五匹、赤いちぢみ毛の織物十張、茜色のつむぎ五十匹、紺青の織物五十匹を与えて、汝が献じた貢ぎ物に答える。また、汝に特に、紺地に三角模様をあしらった錦を三匹、細かい斑模様の毛織物五張、白絹五十匹、金八両、五尺刀二口、銅鏡百枚、真珠と鉛丹（赤色顔料）それぞれ五十斤を与えよう。みな包装して封をして、難升米、牛利に託しておく。帰国したら、目録と照らし合わせて、汝の国中の人にことごとく示し、わが国家が汝の国に好意をもっているゆえに、私は汝に鄭重に、貴重なもの（「好物」）ばかりを与えるのであるということを知らせるがよい」との詔が下ったのである。

魏の皇帝からもらった贈り物のなかに絳地交龍錦五匹、絳地縐粟罽十張、蒨絳五十匹、紺青五十匹、また特に汝に紺地句文錦三匹、細班華罽五張、白絹五十匹を与える、とある。これらがすべて卑弥呼の衣装用であったとは思えないが、卑弥呼は色とりどりのかなり美しい衣装をまとっていたのか、それとも、現在の巫女のように、少し赤などが入った白の装束だったのかなど想像をかきたてられる。

またこのときもらった「銅鏡百枚」が問題である。日本の古墳から景初三年の年号が記された三角縁神獣鏡が出土している。しかしそれがこのとき卑弥呼が魏の皇帝からもらった鏡であるのかどうか。三角縁神獣鏡の性格や製作地をめぐって大きな論議が巻き起こっている。

鏡は卑弥呼の「好物」と記されているが、その前の記述に「汝が国中の人に示し、国家汝を哀れむ……ことを知らしむべし」という一文があることが気になる。

つまり魏の皇帝は卑弥呼の味方であることを、この賜り物を国中に示すことによって知らしめよ、といっているわけである。

鏡が日本各地から出土するのも、魏からの賜り物を国中に示すという意味があったことがうかがえる。

正始元年、太守弓遵、建中校尉梯儁等を遣わし、詔書・印綬を奉じて、倭国に詣り、倭王に拝仮し、ならびに詔を齎して、金・帛・錦罽・刀・鏡・采物を賜う。倭王、使に因って上表し、詔恩を答謝す。

正始元年（二四〇）、太守の弓遵は、建中校尉の梯儁らに詔書、印綬を持たせ倭国に遣わし、倭王に位を授け、（皇帝の）詔書をもたらし、金、しろぎぬ、錦の絹織物や毛織物、刀、鏡、采物を与えた。倭王は、遣いを送り（皇帝に）上表文で詔恩に答謝した。

この正始元年にも鏡をもらったことが記されている。紀年が銘された鏡がそのとき魏からもたらされた鏡であるのかどうかが問題になってくる。

其の四年、倭王、また使の大夫伊声耆〈いせき、いてぎ〉・掖邪狗等八人を遣わし、生口・倭錦・絳青縑・緜衣・帛布〈はくふ〉・丹・木拊〈もくふ〉・短弓・矢を上献す。掖邪狗等、率善中郎将の印綬を壱拝す。

その四年（正始四年＝二四三）、倭王は、また大夫の伊声耆、掖邪狗ら八人を遣わし、奴隷、倭錦の絹織物、赤と青の混じった絹織物・緜衣、綿いれ（しろぎぬ）、赤く塗った木製の握りのついた弓の部品、短弓、矢などを献上した。掖邪狗たちは、率善中郎将の印綬を与えられた。

其の六年、詔して倭の難升米に黄幢を賜い、郡に付して仮授せしむ。

その六年（正始六年＝二四五）、倭の難升米に黄幢（黄色い旗）を与えるよう郡に託し、授けた。

其の八年、太守王頎官に到る。

その八年（正始八年＝二四七）、郡の太守の王頎が、（魏国の）官に着任した。魏から二度目の使者が「倭国」に遣わされたとされるこの正始八年の前年の正始七年（二四六）は、朝鮮半島にあった馬韓と魏が戦争をおこない、魏の太守が戦いで死去している。魏は外交的に緊張状態にあったといっていい。

倭の女王卑弥呼、狗奴国の男王卑弥弓呼と素より和せず。倭の載斯烏越等を遣わして郡に詣り、相攻撃する状を説く。塞曹掾史張政等を遣わして、因って詔書・黄幢を齎し、難升米に拝仮せしめ、檄をなしてこれを告喩す。

倭の女王卑弥呼と、狗奴国の男王・卑弥弓呼とは前から仲が悪く、倭国の載斯、烏越らを郡に遣わして、互いの攻撃の状況を説明させた。

郡は、塞の曹掾史（国境警備の属官）の張政らを倭へ派遣して皇帝の詔書と黄幢をもたらし難升米に拝仮し、魏が邪馬台国を支援していることを、回状をつくらせて、（一般人民に）触れまわらせた。

このなかの「難升米に拝仮（假）せしめ」という言葉が問題になっている。

「仮」はもと「反」の異字だが、「假」の略字とされているので、詔書・黄幢を拝仮されたのは、卑弥呼ではなく難升米であるとも考えられる。もしもそうであれば、すでに卑弥呼の権威が失墜していたか死去していたため難升米に託した可能性も出てくる。

> 卑弥呼以て死す。大いに冢を作る。径百余歩、徇葬する者、奴婢百余人。更に男王を立てしも、国中服せず。更に相誅殺す。時に当たりて千余人を殺す。

卑弥呼が死んだので、土で盛った大きな塚をつくらせた。直径は百歩余り。殉死した奴隷は百人以上。あらためて男王を立てたが、国中は不服として、そのため殺し合いになり、当時千人余りを殺した。

卑弥呼は自然死か殺戮されたのか。正始八年、すなわち二四七年には亡くなっている。老齢で亡くなったという説もあるし、狗奴国との戦いに邪馬台国が負けて、戦死したか、宮室にまで敵が討ち入ってきて、殺されたのか、あるいは帯方郡の中国側の命令によって追いやられ、部族会議の決定によって死を迫られたのか。考古学的にはそこまでは証明できない。旧部族長の死が新しい長に命を吹きこむものと信じられていたと、民俗学的には考えられている。松本清張氏などは、この説を支持していた。

ともあれ、多くの文献史学者は、卑弥呼は遅くとも二四八年には亡くなっただろうと指摘している。そして、この年代は最近の考古学研究によれば、弥生時代の最終段階か、古墳時代の出現期とも考えられている。白石太一郎氏（大阪府立近つ飛鳥博物館長）も考古学研究家でもある俳優の苅谷俊介氏も、講演会や著書などで、卑弥呼の墓は奈良県桜井市纒向にある箸墓である可能性が高いと述べている。

> また卑弥呼の宗女壹（臺）與年十三なるを立てて王となし、国中遂に定まる。政等、檄を以て壹

（臺）與に告喩す。

そこで卑弥呼の同じ一族の娘で十三歳の台与を王に立てて、国中はようやく定まった。張政らは檄で、台与を励ました。

壹與（壱与）か臺與（台与）か、文字表記については二つの説がある。現在、おおかたの学者は台与として「とよ」と読んでいる。

倭は、音読みだと「ワ」「イ」。訓読みだと「ヤマト」である。邪馬台国の読みはたいてい「ヤマタイコク」と読んでいるが「台」を「ト」と読んで、「ヤマト国」とすれば、我が国の初期大和政権につながる。

しかし「台」とみなしている字も、資料によって「壹」（いち・いつ）「臺」（たい）の両表記があり、どれが当時の文字表記であったかわからないのである。

壹（臺）與、倭の大夫率善中郎将掖邪狗等二十人を遣わして、政等を送りて還す。因りて台に詣り、男女生口三十人を献上し、白珠五千孔・青大勾珠二枚・異文雑錦二十匹を貢る。

台与は、倭の大夫で率善中郎将の掖邪狗ら二十人を派遣し、張政らを帰還させ、魏の官庁に詣って、生口三十人を献上し、白珠五千、大玉の青勾珠二枚、まだら模様のある錦の絹織物二十匹を貢いだ。

「魏志倭人伝」の記事はここで終わっている。

卑弥呼の死後、十三歳の宗女の台与があとを継いだが、その後邪馬台国がどうなったのか、台与がいつまで女王であったのかまったくわからない。

ただ、晋の泰始二年（二六六）、倭の王が中国王朝の西晋に朝貢した記事が六二九年に成立した『梁書（りょうしょ）』にある。

『梁書』「復立卑弥呼宗女臺與為王。其後復立男王、並受中国爵命」

また六四八年に成立した『晋書』武帝紀には泰始二年に「倭人来献方物」と記し、同四夷伝倭人条にも「泰始初、遣使重訳入貢」として、倭の朝貢があったことが載っている。

これらを総合すると、卑弥呼の宗女台与が王となり、その後男王がまた立ち、中国の爵位を並び受けた。晋の武帝泰始初に通訳を重ねて入貢したのは卑弥呼の死から数えて約十八年後と理解できる。

そしてその情報は『日本書紀』神功紀六十六年の条に引用として、「武帝泰初（ママ）二年十月、倭女王遣重訳貢献」と記されているのである。これらのことから倭の女王台与が、二六六年に西晋に朝貢したとされることは、どうも事実とみてよいのだと思われる。

その後台与がどうなったか、いつ亡くなったかはまったくわからない。しかしこの記事は、箸墓築造年代が争点になるなか重要な意味をもつことになった。つまり、ＡＭＳ測定法によって箸墓の築造が二四〇～二六〇年と限定されるなら、二六六年に西晋に遣いを送って爵位までもらっている台与の墓であるはずがない。

もしも邪馬台国が近畿にあったと仮定すると、二四〇～二六〇年に突如として築造された最初の巨大な前方後円墳である箸墓は、卑弥呼の墓の可能性がきわめて高くなる。

はたして箸墓築造二四〇〜二六〇年は、正しいのか否か。正しいとすれば何がわかるのか。これはのちほど考古学の観点から検証してみることにしよう。

第三章　邪馬台国成立前夜――激動の東アジアと倭国大乱

邪馬台国成立前夜の中国と朝鮮半島

東アジアの三世紀、邪馬台国時代、邪馬台国と密接な関係にあった朝鮮半島と中国本土はどのような状況だったのか。まず、邪馬台国が朝鮮と中国に使者を送る前の両国の情勢を見てみよう。

紀元前一〇八年、漢の武帝は、朝鮮半島の衛氏を滅ぼして直轄領（郡）として楽浪郡、真番郡、玄菟郡、臨屯郡の四郡を設置する。遼東の北方には、後漢末に遼東郡の太守となった公孫氏という氏族がいて、幅をきかせているという状況である（のちに景初二年、魏が公孫氏を滅ぼして帯方郡を支配したとされる）。

紀元五年に前漢の平帝（紀元前九～紀元五）を殺したともされる王莽（紀元前四五～紀元二三）という人物が「新」（紀元八～二三）を建国する。しかし王莽は農民の反乱の最中殺され、一代限りで新が滅び後漢がたつ。そのわずか十数年しかなかった新の時代に、王莽は紀元一四年、新貨幣「貨泉」を鋳造した。

貨泉は新疆ウイグル（中国）、楽浪遺跡（北朝鮮）、金海貝塚（韓国）などアジア各地で出土している。

日本国内では壱岐の「原(はる)ノ辻(つじ)遺跡」から貨泉だけでなく「大泉五十」も出土している。

この他、福岡県糸島市志摩町の御床松原(みとこまつばら)遺跡からも径二・二五センチメートルの「貨泉」が出土している。奴国と思われる「仲島(なかしま)」（福岡県大野城市）からは、貨泉と同じ新の貨幣である「貨布」が出ている。

さらに一九八九年に岡山市高塚の弥生集落・高塚遺跡から「貨泉」が一括して大量二十五枚、丹後の函石浜(はこいしはま)遺跡からも、弥生後期の土器の破片にまじって一枚出土している。他にも大阪の大和川の河床にある瓜破(うりわり)遺跡をはじめ、瀬戸内海沿岸、日本海沿岸、山梨県など弥生時代の後期の遺跡や古墳などからも相当数発見されている。

また新の貨泉ばかりではなく、その後の御床松原遺跡の再調査では二枚の貨泉のほか、新たに「半両銭」といわれる銅貨も出土した。

半両銭は、秦(しん)の始皇帝が、紀元前二二一年以後に造らせたという貨幣で、秦代から前漢にかけて広く使用された貨幣である。半両銭と呼ばれるのは、度量が半両であることからきているようである。

このように時代が限定できる貨泉などが各地で出土しているのは、朝鮮・中国と倭との交流が北部九州だけでなく、近畿や東海まで影響をおよぼしていたことを物語る。

つまり、倭国が王莽と直接かかわった事実は確認できないが、「新」の王莽が鋳造した貨幣は大量に倭国に運びこまれていた。倭国は紀元一世紀初頭にも大陸とかなり密接な外交関係があったということになる。

この貨泉と、弥生時代後期の土器とが、だいたい一緒に出土する。

北九州の弥生時代中期初頭の遺跡からは朝鮮半島南部の土器が相当量発見されている。これもまた「魏志倭人伝」に出てくる奴国や末盧国のあった時代のはるか前から、北部九州の人たちが、玄界灘をはさんで朝鮮半島南部の地域の人たちとすでに民間レベルの交流をしていたことをはっきりと示しているといえる。

中国の史書のなかの倭国大乱

「魏志倭人伝」には倭国の乱のことはあるが、それがいつごろのことか、という情報はない。しかし「魏志倭人伝」にはなかった記述が、中国のいくつかの史書のなかにある。

『後漢書』（巻八十五「列伝第七十五東夷伝」）〈編著者＝范曄、劉宋代（四三二頃）〉

桓帝・霊帝の治世の間（一四六～一八九）、倭国大乱。互いに攻伐し、何年ものあいだ王がなかった。一人の女子があった。名を卑弥呼と言う。年長になっても嫁していない。鬼神道を用い妖しく衆を惑わす。ここに於いて王に共立した。

『梁書』（巻五十四「列伝第四十八諸夷伝東夷条倭」）〈編著者＝姚思廉（ようしれん）、唐代（六二九）〉

漢の霊帝の光和年間（一七八～一八四）、倭国は乱れ何年も互いに攻伐したが卑弥呼という一人の女子を共立して王とした。卑弥呼には夫や壻がなく、鬼道を用いてよく衆を惑わした。故に国人はこれを立てた。

『隋書』（巻八十一「列伝第四十六東夷伝倭国条」）〈編著者＝魏徴等、唐代（六三六〜六五六）〉

桓帝・霊帝の間はその国（倭国）が大いに乱れ、互いに攻伐し、何年も王がいなかった。卑弥呼という名の女子があり、鬼道を用いてよく衆を惑わした。ここにおいて国人は王に共立した。

『北史』（巻九十四「列伝第八十二倭国」）〈編著者＝李延寿、唐代（六五九）〉

霊帝の光和年間、その国（倭国）は乱れ互いに攻伐し、何年も王がいなかった。卑弥呼という名の女子があり、鬼道を用いてよく衆を惑わした。国人は王に共立した。夫はなかった。

いずれの書も、西暦二世紀の後半に倭が乱れたことが記されている。しかし細かい記述は少しずつ異なっている。

『後漢書』では、倭国大乱は後漢の桓帝・霊帝のあいだとしている。そしてその後に、卑弥呼が共立されたことが記されている。『梁書』の「漢霊帝光和中」、すなわち一七八年〜一八四年という情報をもとにすれば、倭国が乱れていたのは五、六年ほど、「魏志倭人伝」では、さらにそこからさかのぼって七、八十年間ほど男王が治めていたということになる。

つまり、男王が立ったのは、西暦一〇〇年前後頃となる。

すでに触れたが、『後漢書』には、当時の倭についても、「安帝永初元年（一〇七）、倭国王帥升（すいしょう）等、生口百六十人を献じ、請見を願う」と記載されている。

倭国王帥升が後漢へ生口百六十人を献じて謁見を請うてきたとの記述である。しかしこの帥升が、日本のどこにいたのかなど、何も記されてはいない。

さらにこの帥升よりも前、西暦五七年に日本で一番古い中国への朝貢の記述がある。「建武中元二年（五七）、倭奴国、貢を奉じて朝賀す。使人自ら大夫と称す。倭国の極南界なり。光武印綬を以て賜う」。紀元五七年の記述には「倭奴国」とあり、それが「倭国之極南界」としている。この文では「倭奴国」が「倭国」の南の行き止まりに位置すると理解されるのである。

ところが一〇七年に遣いを送ったのは「倭奴国」ではなく「倭国王」となっている。五七年には「倭奴国」と表現しているのに、半世紀後の一〇七年には、「倭国王」と表記している。この違いは問題ではないか、と中国史学者で東京大学名誉教授の西嶋定生氏が、学界に提起された。

「漢委奴國王」印の謎

この記述にある建武中元二年（五七）に後漢の光武帝が奴国からの朝賀使へ賜った金印が、筑前国那珂郡志賀島村（現福岡県福岡市東区志賀島）南端・叶ノ浜の「叶崎」から出土している。倭国の南の行き止まりが倭奴国とあるにもかかわらず、志賀島は九州の北ではあっても南ではない。これも矛盾する記述である。この金印には「漢委奴國王」の文字が刻まれていた。

出土は、天明四年（一七八四）二月二十三日（新暦四月十二日）、江戸時代のことだ。

天明四年三月十六日（新暦五月五日）
那珂郡志賀嶋の村百姓甚兵衛申し上ぐる口上の覚

という文書が残っている。発見したのは甚兵衛という地元の農民であるとされていたが、近年の研究では秀治・喜平という農民が水田の耕作中に偶然発見したとされ、甚兵衛がそれを那珂郡奉行に届けた、という説も出されている。黒田藩の報告書には、一巨石の下に三石周囲して匣（はこ）の形をしたなかに存したという報告もある。

この「漢委奴國王印」をどう読むかについても、いろいろな論争がある。

「委奴」は「倭奴」ではなく伊都国（糸島市付近）のことだとし、「かんのいとこくおういん」と読むべきだという説、あるいは、「委」は「委任」の「い」、「奴」は「魏志倭人伝」に出てくる「奴国」ではないかとして「かんいなのこくおういん」と読むべきだという説もある。

それに対して現在は、学校の教科書などでも「かんのわのなのこくおういん」と読ませている。これは「委」を「倭」の略字として理解しているわけで、一八九二年（明治二十五）、三宅米吉（みやけよねきち）によって「漢（かん）の委（わ）（倭）の奴（な）の国王」と読まれ、さらに奴が古代の儺県（なのあがた）、いまの那珂郡に比定されて以降この読み方が有力とされている。

この「漢委奴國王」印は建武中元二年（五七）に倭奴国が貢を奉じて朝賀し、光武帝から印綬を受けたときのいわば交流の証（あかし）である。古代中国の文献史料と考古学的事実の一致をみた数少ない例のひとつである。

しかし金印がなぜ志賀島という、博多湾に浮かぶ小島の隅っこで発見されたのかという大きな謎も残る。その発見の経緯もはっきりしない。そこで近世に偽造されたという説もあらわれた。しかし、九州大学の岡崎敬氏は、中華人民共和国雲南省晋寧県の石寨山遺跡（石寨山古墓群遺跡）から出土した「滇王之印」や中華人民共和国江蘇省揚州市外の甘泉二号墓で出土した「廣陵王璽」の金印と形式などが似通っていることから、本物であるという研究結果を公表し、志賀島の金印は、まちがいなく光武帝が倭奴国王に与えた金印である、と結論づけた。

ところが二〇一〇年（平成二十二）に工芸文化研究所・理事長である鈴木勉氏は『「漢委奴国王」金印・誕生時空論』（雄山閣）のなかで金印偽作説を論じられた。氏は金属技術史研究者として国宝である「漢委奴國王」の印にかんする疑念から、この金印の製作技術の徹底した技術史的分析をおこなった。金印の漢代製作説、すなわち光武帝が建武中元二年（五七）に倭奴国王に与えた金印であるのかどうかについて、きわめて厳正に分析し、結果として、江戸時代に関係する可能性が濃いと論じた。

国宝「漢委奴國王」印の問題は、邪馬台国問題を直接左右するものではない。しかし金印は、少なくとも倭の奴国王と漢代王朝との国際交流の実証となるものであるから、日本の古代史研究全般について無視できない問題提起であると思われる。

この問題は今後、長い年月にわたる実証的な検討の結果をまつほかはないであろう。

後漢中平年鉄刀への疑問

大陸や朝鮮半島との交流を証明するうえで興味深い出土品はまだある。後漢では霊帝中平元年（一八四）に黄巾の乱が起こる。いっせいに蜂起した道教系とされる太平道の信徒が、黄色い布をシンボルにしていたため、その名がつけられたとされる。この反乱で中国の後漢王朝は揺らぎに揺らいで、紀元二二〇年には滅亡した。

この後漢の銘文をもつ鉄刀が、戦後、奈良県天理市の東大寺山古墳から出土している。東大寺山古墳は四世紀中～後半に築造されたと推定される前方後円墳で、一九六一～六二年の発掘調査当時は、他の古墳同様、盗掘を受けていたため、遺物にかんしては考古学者たちもさほどの期待はしていなかった。

しかし、この東大寺山上にある円筒埴輪をめぐらせた全長約一三〇メートル、後円部径七九・四メートル、前方部幅約五〇メートル、高さ一五メートルの前方後円墳の後円部から、長さ一二メートルの粘土槨に包まれた六～七メートルのコウヤマキ（高野槇）製の木棺が発見された。

その木棺のなかからは、勾玉、棗玉、碧玉でつくった鍬形石が二十六個。車輪石が二十三個、石釧一個、さらに、木棺の下床の粘土のなかから、革で綴じた方形板の短甲が見つかったのである。

この古墳には副室があった。主体部の東西に墓壙が掘られ、そこに武器や武具が副葬されていた。大刀は内反りの素環刀大刀（刀の柄が環のようになっている）と呼ばれる中国、朝鮮半島から伝来した外来の刀が七本、ほかに青銅の環頭をつけた大刀が五本、合計十二本あった。

特に注目を集めたのはその副葬品のなかにあった一本の錆びた鉄刀だった。東側の墓壙から出土した二十四文字を金象嵌(ぞうがん)であらわした長さ一一〇センチメートルの青銅製の三葉環頭を着装した鉄刀である。この大刀は東京国立文化財研究所の調査で銘文の金含有率が九九・三～九九・九パーセントだったことがわかっている。中国の高度な製錬技術で造られた大刀である可能性を裏付けるものである。

「中平□年、五月丙午、造作文刀、百練清釖、上應星宿、下辟不祥」

（中平□年五月丙午の日に銘文を入れた刀を製作した。良い鉄を鍛えた刀であるから、天上では神の御意に叶い、下界では災いを避けることができる）

□年のところは欠けていてわからないのであるが、中平年間は後漢末の年号（一八四～一八九）である。そのなかで五月に丙午があるのは、中平元年と中平四年と中平五年の三回しかない。この三回のうちのいずれかの年に造られた大刀ということになるのであろう。

ただ、陰陽五行説では丙は火徳(かとく)、午は南を意味するそうで、こうした刀には、おめでたい丙午という文字を入れる習慣があるので、五月の丙午という銘から年号は特定できないのだという意見もある。星宿は天球を二十八に分割した二十八宿で構成され、丙午は南方七宿（朱雀）にあるという。占術でいまも用いられる言葉のようである（以上、『よみがえるヤマトの王墓――東大寺山古墳と謎の鉄刀』

天理大学附属天理参考館考古美術室編、天理大学出版部、二〇一〇年）。

しかし、この刀をどう解釈すればよいかは容易ではない。二世紀の終わり近くに後漢で造られたものが、奈良県天理市の四世紀中～後半頃に造られた全長約一三〇メートルの前方後円墳に眠っていた。考古学の常道は「もっとも新しい副葬品で、遺跡の年代を決める」ことであるが、それからいえば、全体の副葬品からみて、四世紀後半の築造と思われるこの古墳の年代がまず基本になる。

しかしこの鉄刀の製作年代は一八四年から一八九年までの中平年間。『梁書』の記す霊帝の治世の年号であり、倭国大乱の頃となる。二世紀の終わり頃に後漢末の年号が銘された刀が、いつ日本に伝来したのか。その経緯はどのようなものであったのか。この古墳の被葬者の先祖からの伝世か、あるいは、この被葬者が直接手に入れたのか、いろいろな疑問がわく。

多くの研究者は、二二〇年に後漢が滅んだ後、遼東半島では公孫氏が非常に勢力をもった時期があり、この頃、邪馬台国の女王卑弥呼は公孫氏とも通交していた可能性があると指摘している。あるいはこの頃にこの刀が日本に渡ったのかもしれない。

『三国志』魏書韓伝に公孫氏が帯方郡を設け、これに「倭と韓が服属す」という記事が出てくるので、邪馬台国の女王卑弥呼は、帯方郡、楽浪郡との関係から、遼東半島の公孫氏とも関わりをもっていたと思われるのである。

その公孫氏は二三八年に魏によって滅ぼされる。翌年の二三九年、邪馬台国の女王はただちに遣いを送り、帯方郡経由で魏の皇帝に朝貢する。そして、魏の皇帝から「親魏倭王」の印綬を授かる。邪馬台国の女王卑弥呼は、このように日中外交に素早く対応していることを見逃してはならない。

卑弥呼だけでなく、国そのものの構造が、激動する東アジアと即応できる体制にあったのではないか。

ご承知のように、鏡や刀などは世代を越えて人から人へ渡るので、中平年の銘をもつ刀が発見されたからといっても、この古墳に葬られた人物が直接下賜されたとはとうてい考えられない。しかし下賜された刀が、この被葬者のもとへ渡ったことは動かしがたい事実である。

二世紀の紀年銘刀がなぜ奈良県天理市の和邇（わに）氏の本拠地和爾（わに）の里の東北方八〇〇メートルほどのところにある前方後円墳から出土するのか。

和邇氏は、『古事記』『日本書紀』によると、五代孝昭（こうしょう）天皇の皇子の天足彦国押人（あまたらしひこくにおしひと）を祖とする古代有力豪族である。ただし、研究者のなかには第二代綏靖（すいぜい）天皇から第九代開化（かいか）天皇までの八人の天皇を欠史八代と呼んで非実在の天皇とする見解があり、五代孝昭天皇の皇子の天足彦国押人の存在もまたはっきりしたものではない。しかしいずれにしても一本の錆びた刀の考古学的発見が、大陸との関係を示唆することになるのである。

しかも東大寺山古墳の南南東には、百済王が下賜したという国宝「七支刀（ななつさやのたち）」〈しちしとう〉を蔵する石上（いそのかみ）神宮が鎮座している。

石上神宮は大王家に仕えた古代の豪族物部(もののべ)氏の武器庫であったと記紀にも記される古社であるが、朝鮮半島の百済や大陸との関係、そして物部氏と和邇氏との関係も問う必要がある。

朝鮮半島系の遺物が語ること

『三国志』の時代、揚子江の南、建業（現在の南京）を都とした国が呉。四川省の成都に都をおいたのが蜀。黄河の流域にある洛陽には魏と、三国が鼎立(ていりつ)していた。

蜀は二二一年に建国し二六三年まで、魏は二二〇年から二六五年までで、魏が滅びたあとは西晋が建ち、呉は二八〇年に滅びる。

この西晋へ倭国の女王が朝献していることは前述したが、この女王とは、「魏志倭人伝」などから、卑弥呼の死後、女王になった台与（臺與）と考えられている。この西晋もまた長くはもたなかった。三一六年に西晋が滅ぶと、五胡十六国(ごこじゅうろっこく)というように、国がいくつにも分かれて乱れた。

北方には匈奴(きょうど)、鮮卑(せんぴ)、烏桓(うがん)、扶余(ふよ)というような騎馬民族系の民族がいて、朝鮮半島の北部には、高句麗(こうくり)が力を蓄えている。いまの平壌あたりには楽浪郡が、その南、ソウルにかけてが帯方郡、帯方郡の南には三韓（辰韓(しんかん)、馬韓(ばかん)、弁韓(べんかん)）があった。

辰韓は十二国があって、そのなかの斯盧国がのちの新羅（紀元三五六～九三五）に、馬韓は五十四国があり、そのなかの伯済国がのちの百済（紀元三四六～六六〇）にかわっている。弁韓は十二国で伽耶と呼ばれる連合的なまとまりとなる。これがのちの駕洛国（金官伽耶、三世紀～六世紀中頃）となる。

玄界灘には対馬、壱岐があり、本土に末盧国があり、奴国、不弥国があり、これらの国々は私たちが考えている以上に交流がさかんだった。

近年は壱岐の島の考古学調査が進んでいて、壱岐原ノ辻遺跡では、朝鮮半島南部との交流を示す、岸壁の両岸を石で築いた船着き場などの遺跡も発掘されている。

さらに、北部九州の唐津周辺では、弥生時代前期の集落遺跡等が発掘されてきていて、韓国忠清南道の松菊里遺跡で発見された住居にその名の由来をもつ、「松菊里型住居」などもたくさん出ている。

この松菊里型の住居の特徴は、円形の竪穴住居の真ん中に炉があり、炉の周辺にふたつの柱穴がある。このような特徴をもつ住居跡からは、韓国の無文土器が出てくる。

もっとも、松菊里型の住居跡は北九州だけでなく、瀬戸内から山陰、北陸まで広がっているし、一方では松菊里型の土器と北部九州の弥生土器とまざって出てくるケースもあるので、交易のためか、あるいは戦乱を逃れてか、すでに弥生時代前期には朝鮮半島から倭国へ直接渡ってきた人たちがいたことは確かであろう。

祭祀の道具に転化した青銅器

倭国大乱や邪馬台国成立時代を考えるうえで欠かせないのが、弥生時代における青銅製祭器の問題である。

まず青銅器には銅剣、銅矛（どうほこ）、銅戈（どうか）、銅鐸（どうたく）がある。

弥生時代前期から中期初頭の青銅器は、戦争のための実用的なものだった。実戦的な銅剣や、銅矛、銅戈が朝鮮半島から輸入されていたのである。それが、弥生時代中期になると北部九州では祭器に転化している。つまり祭りの道具としての役割が濃厚になっていく。

例えば発掘された銅矛の例を見てみると、もっとも古い銅矛は弥生時代前期の細形Ⅰ式と呼ばれる実用的なもので、福岡県の板付田端（いたづけ）から出土した例がある。

そして弥生時代中期になると、細形Ⅱ式と呼ばれる銅矛が作られ、全体がだんだん長くなって大型になる。さらに、弥生時代後期になると身幅もひろがって、人を殺傷できるような武器としての機能は喪（うしな）われていき、祭祀のための道具となっていく。

また弥生時代後期の祭りの道具としての銅矛は、佐賀県、福岡県など北九州から多く出土している。長崎県対馬から出土した弥生時代後期の広形銅矛は長大なもので、これらは、どう見ても実用的な体裁ではないので、祭祀のための道具として使ったことはまちがいない。

対馬から出た青銅の祭器は広形銅矛や銅剣など、いずれも国産の青銅器である。

かつては朝鮮半島に近い対馬や壱岐の青銅文化は、北九州より古いだろうと考えられていたのであるが、実際はそうでなく、北部九州で根をおろした文化が、逆に北へ向かって逆流していく現象がある。つまり、北部九州で生まれかわった青銅の祭具が対馬や壱岐に入っていく、青銅器文化の照り返し現象ともいわれる流れが見て取れる。

こうした青銅器のありかたを、一九三九年（昭和十四）に哲学者の和辻哲郎氏が、『改稿版日本古代文化』という著書のなかで、日本列島の青銅器の分布を問題として、銅鐸文化圏と、銅剣銅矛文化圏の二大分布圏として東西の青銅器文化圏の対立を指摘した。

和辻氏以来今日までいろいろな研究者が指摘しているのは、山口県から広島県あたりまでが、九州型の銅剣、銅矛、銅戈の文化圏であり、ここは同時に畿内的な銅鐸の文化圏と混ざりあっているということである。

出雲神庭荒神谷遺跡の銅剣

岡山大学の松木武彦氏の図が示しているように、二世紀頃の祭器と墓の分布域図では、出雲の文化圏、九州文化圏と近畿の文化圏がはっきりと分かれているのがよくわかる。特に出雲を中心とした文化圏の検討は邪馬台国成立時の力関係を考えるうえで重要な問題を提起している。

古代日本における出雲の重要度は、『古事記』の神代記で三分の一ほどを出雲神話が占めていることからも推測できる。神話によると、出雲国の始祖としての大国主神は天照大神の弟である素戔男尊（素戔嗚尊）、『古事記』では建速〈たてはや〉須佐之男命の子とされていて、ある時期大和王朝に屈したように記されている。しかも国譲りというかたちをとっての服属であることが読みとれる。

この記紀神話をひとつの根拠に、古代出雲はもともと独自の文化圏をもった大きな勢力であったと考えられてきたのである。そして、その証とも思える重要な考古学的発掘成果があがっている。

一九八四年（昭和五十九）から八五年にかけての発掘調査で、島根県簸川郡斐川町（現出雲市）神庭西谷の荒神谷遺跡の標高二八メートルの小丘陵の南斜面中腹から、四列に並べられた三百五十八本の中細形の銅剣が切っ先を揃えた状態で出土したのである。しかもすぐ隣りで銅矛十六本と銅鐸六個も一括して出土したことから、出雲は一躍青銅器研究の中心的存在となった（以下、『古代出雲文化展』島根県教育委員会・朝日新聞社、一九九七年を参照した）。

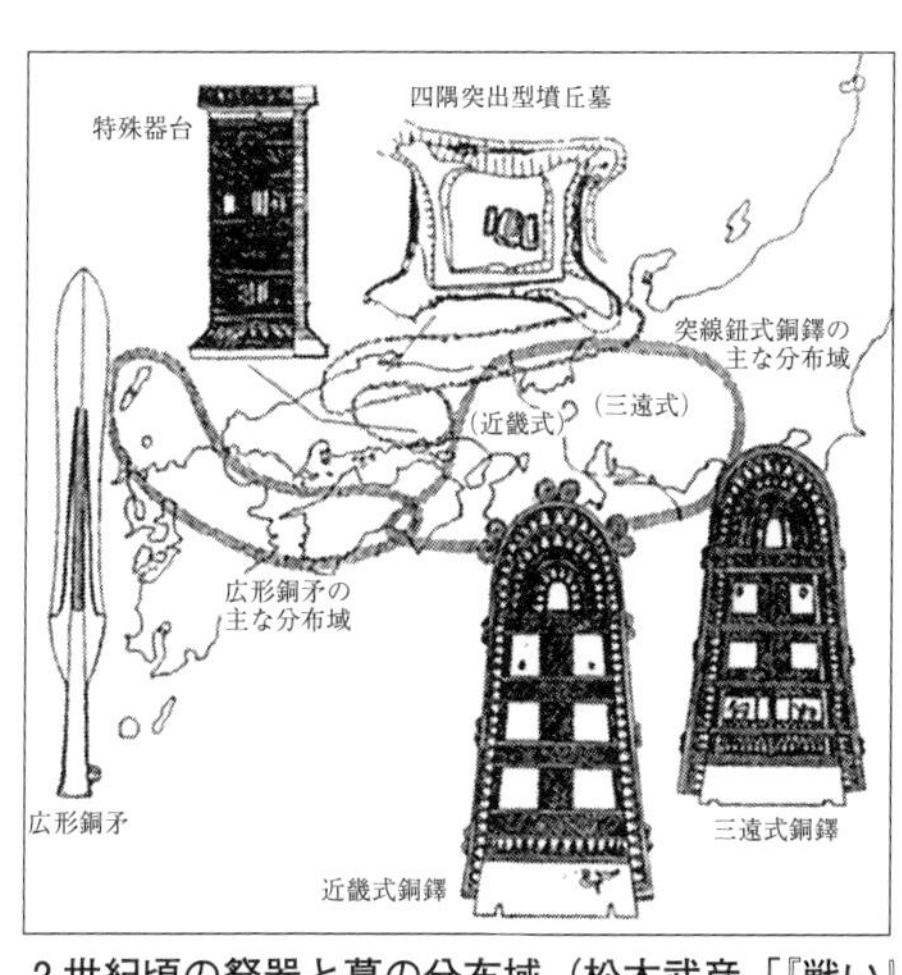

2世紀頃の祭器と墓の分布域（松木武彦「『戦い』から『戦争』へ」都出比呂志編『古代国家はこうして生まれた』角川書店、1998より）

【銅剣】　中細形銅剣は弥生中期末から後期にかけて製作されたもので、近畿以西から九州まで、鳥取、香川、高知などで散発的に出土していたが、この荒神谷の四列に並べられた三百五十八本の銅剣は数において突出していた。これだけ多くの銅剣があれば、この出雲の近くで製作していた可能性もあるように思われたのであるが、いまのところ、出雲で銅剣の鋳型は発見されていない。近畿地方で造ったか、出雲で造ったか、それとも九州か、多くの研究者が研究を進めているところである。

これらの銅剣は中細形銅剣のなかでも後期に編年されている「中細形c類」で、出雲を中心とした山陰地域に多く分布していることから「出雲型銅剣」とも呼ばれるものである。

実際に検討できた二百九十六本のうち同じ鋳型の例は、四十三種類百十三本あった。残りの百八十三本は一本ずつが別の鋳型で鋳造されたということになる。したがって鋳型の数は二百二十六個になったと思われる。

さらにこの銅剣の上には粒子の細かい粘土がのせられ、その上に土盛りがしてあり、周囲に四つの柱穴があった。このことから覆屋があったことも想定された。

鋳型はまだ発見されていないが、筆者はこれらは、同種の銅剣を一括多量所有することから、やはり出雲で製作された祭祀(さいし)型の銅剣と考えている。

また島根県八束郡鹿島町（現松江市）の志谷奥(しだにおく)遺跡からは銅鐸二個とともに六本の中広形銅剣が出土している。この中広形銅剣については、鋳型が福岡市東区八田(はった)（粕屋）で見つかっているので、九州産のものがここに運ばれた可能性がある。したがって、弥生中期末から後期、北部九州社会と出雲社会との祭祀をめぐる連繫が存在していたことが推測できるのである。

【銅矛】　神庭荒神谷遺跡では、銅剣が出土した地点から谷奥へ七メートル離れた丘陵斜面の中腹で刃先と袋部が交互に置かれた銅矛十六本が発見された。

この十六本の銅矛は、中細形二本と中広形十四本で、いずれも実用的なものではなく、祭りに使われたものと推定される。祭器的なものとしては比較的新しい銅矛である。

出土した十六本のうちの七本の刀部分に「研ぎ分け」と呼ばれる北部九州産の青銅器に見られる綾杉状の研磨の特徴があった。この「研ぎ分け」をもつ中広形銅矛は、荒神谷以外では十八本以上がいずれも北部九州から出土している。製作時期は、弥生時代中期中頃と考えられている。

中細形銅矛a類の鋳型が福岡県春日市大谷（おおたに）遺跡、中広形銅矛b類の鋳型が佐賀県安永田（やすながた）遺跡から出土している。これは明らかに北部九州で作った銅矛が、出雲まで運ばれていたことを証明するものだ。荒神谷銅矛は北部九州で製作したのち出雲に搬入されたものと理解できる。

【銅戈】　銅戈も多くは九州でつくられ九州で用いられた。

福岡県春日市小倉（こくら）の小倉新池遺跡からは、中広形銅戈が二十七本まとまって出土している。大量の銅戈は、ほとんど鋳型を異にし、数ヵ所の製作地のものが集められた可能性があり、この地は、地域社会を統括する祭祀の場所であったとする見解がある。

また朝倉市板屋田中原で中細形の銅戈一本、同市荷原（いないばる）池辺では中広形銅戈三本、同市下渕（したふち）では中広形銅戈三本、朝倉市古毛では中広形銅戈一本がそれぞれ単独で出土している。

しかし、大阪湾型銅戈という九州とは異なる一群がある。神戸市桜ヶ丘遺跡で銅鐸と一緒にみつかった銅戈七本はこれで、大阪湾周辺でつくられたものと考えられる。

【銅鐸】　神庭荒神谷遺跡では銅矛と同時に、すべて鰭を立てて鈕と鈕を向き合わせにした銅鐸六個が二列に埋められているのが発見されている。この銅鐸六個のうち高さ二〇センチメートルのいちばん小さな銅鐸は北九州製で、あとの五つの銅鐸は近畿製であろうと推測されている。

銅鐸がどのように使われたかは不明であるが、形からは中国の銅鈴が起源とされ、朝鮮半島にも、朝鮮式銅鐸と言われる小型のものが出土している。しかし日本で出土する形状は中国や朝鮮半島のものとは異なるので、日本で独自の発達を遂げたものと推測されている。

まず朝鮮半島から渡来人たちが稲作技術とともに、銅鏃（青銅製の鏃）や銅鑿などの金属器を持ち込んだのは弥生時代前期初頭のことである。中期初めになると銅剣・銅矛・銅戈などが多数もたらされ、やがて弥生時代の中期後半段階を迎えると、国産の青銅器が作られるようになる。それらは武器形祭器という名前があるように、実用的な利器としてではなくて、祭器として作られた。

そういう段階では、九州でも古い形式の銅鐸が作られていたようである。福岡県や佐賀県の鳥栖あたりでも戦後、銅鐸の鋳型が発掘されており、銅鐸そのものも発見されているので、かつて北部九州でも銅鐸の鋳造をしたということは、まぎれもない事実である。

さらに、一九九六年にも、神庭荒神谷遺跡から山ひとつ越えた反対側の島根県雲南市加茂岩倉遺跡から三十九個の銅鐸が発見された。ただし出土した三十九個の銅鐸と同笵の銅鐸のうちの十四種類二十四個（十五種類二十六個か）は銅鐸の外縁付鈕式、扁平鈕式と呼ばれている銅鐸で、多くは荒神谷の銅鐸よりは新しいものである。

しかもこの銅鐸を分析すると、淡路島や、四国、関西の銅鐸と鋳型が同じ銅鐸もあることがわかった。いわゆる「兄弟銅鐸」と称される同笵銅鐸の分布からは、弥生時代中期から後期にかけて、列島的規模での銅鐸の共有と使用があったことを認めなければならない。そうなると今度は、これらの地域と出雲世界の関係が問題になってくる。

出雲に青銅器が集中している理由

さて、出雲に弥生時代の青銅器が集中している事実をどのように理解すればいいのか。

銅鐸に注目すれば、広い地域と連合するかたちで銅鐸どうしはつながっていることがうかがえる。問題となるのは、その中心地はどこなのかである。出雲にウェートがあったと見るのか、それとも大阪湾沿岸から銅鐸の鋳型が出てくるケースがいちばん多いのは事実であるから、関西にウェートがあったと見るのか、ということになる。

先に紹介したが、かつて和辻哲郎氏は、銅剣、銅矛、銅戈は九州が中心地である、銅鐸は畿内といわれたが、島根県の荒神谷で、三百五十八本の中細形銅剣と、中細形と中広形の銅矛十六本、銅鐸六個が丘陵斜面の至近距離で一括して発見されたのをご覧になったらどう思われたであろうか。もちろん九州でも初期は銅鐸を鋳造することはあったと思う。しかし、それは銅鐸の初期のことであって、瀬戸内から近畿に政治の中心が移ってからは、近畿は銅鐸、銅戈などの鋳造の中心地にもなってくる。

北部九州と関わりがある青銅器が出雲に運ばれ、まとまって埋納されている。また畿内型といわれていた銅鐸と一緒に、九州の佐賀県の銅矛も出土している。九州のものと畿内のものとが出雲で一緒になっている。これを冷静に分析すると、銅鐸分布圏と他の青銅器分布圏を単純には地域区分できないということになってくる。

銅鐸は、紀元前二世紀から紀元二世紀の約四百年間にわたって近畿圏の大和・河内・摂津と、濃尾平野圏の二ヵ所で生産されたと考えられる。そして二世紀末葉になると近畿式のみが作られるようになり、三世紀になると、なぜか突然製造が中止されてしまう。

この銅鐸の消滅の時期が邪馬台国の出現とどう関係するのか。銅鐸・銅矛・銅剣のありかたは日本の祭りの共通性を考えるうえで非常に重要なものなのである。

銅鐸の祭りはなぜ終わりを告げたか

これら日本列島各地から出てくる弥生時代の青銅器の出土分布図を、島根県の神庭荒神谷遺跡から銅剣が発見される前に、私の恩師の杉原荘介先生が作られている。

杉原先生は生前、筆者に「大塚、銅鐸のほとんどは弥生時代の後期だよ。前期にはない。あっても弥生時代の中期の最終段階かな」と言っておられた。その頃から京都大学の小林行雄氏は、銅鐸に流水文(りゅうすいもん)銅鐸がある、これは弥生時代中期の弥生土器に流行する櫛描(くしが)きの流水文であり、銅鐸の文様と土器文様の対比からいって、弥生中期に銅鐸はある、と指摘されている。

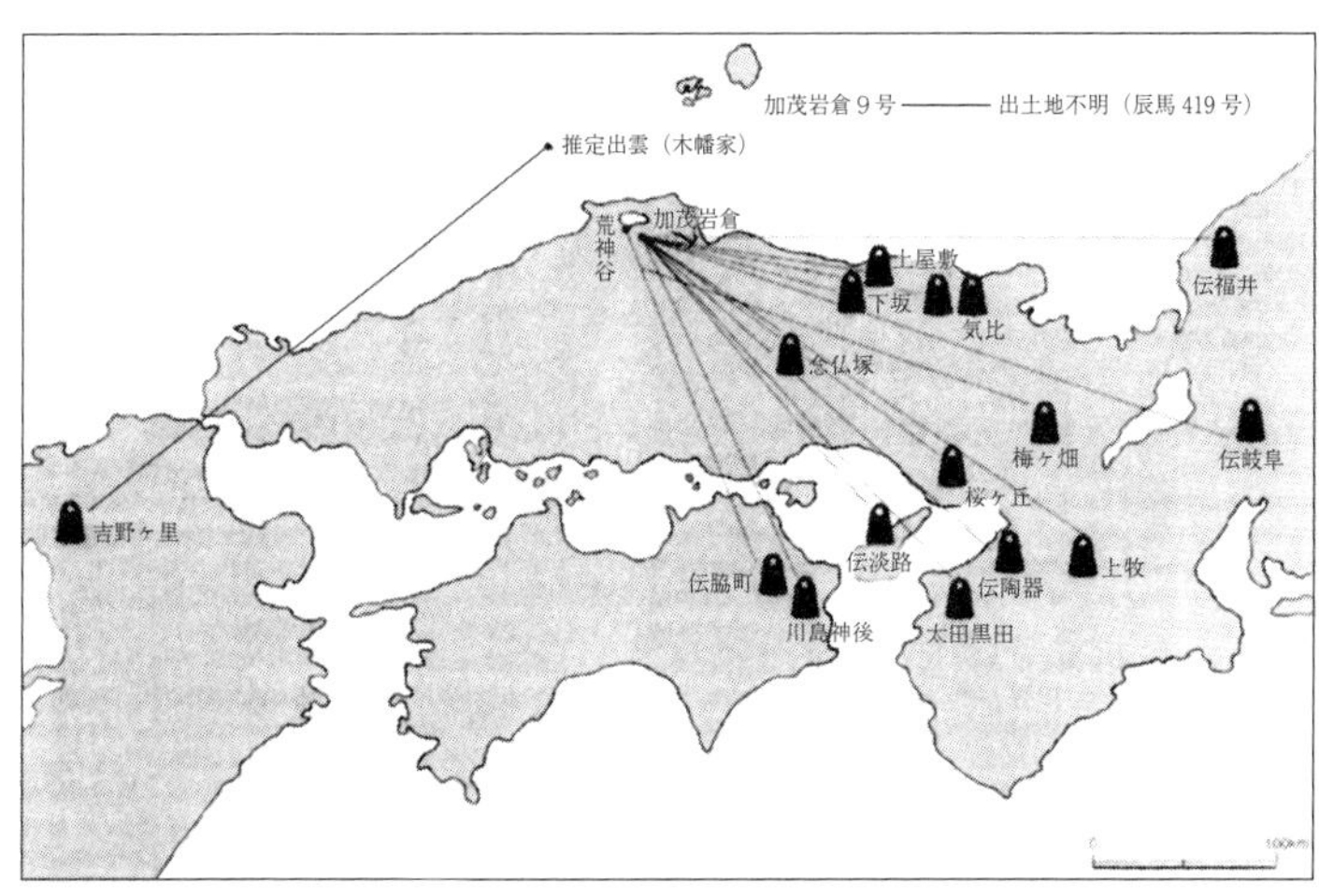

出雲の銅鐸と兄弟銅鐸の関係図（「荒神谷遺跡／加茂岩倉遺跡」より。島根県埋蔵文化財調査センター）

青銅器の出土分布図を、杉原荘介先生が作られたときは、北部九州、瀬戸内、大阪湾沿岸などが分布の中心だったが、出雲の荒神谷の銅剣が出土してからあらためて分布図を作ると、島根県は記しきれないほどになる。日本列島内でも一ヵ所の出土例としては最高の数である。

これらの遺物は、みな国産の青銅器で、実用のものではなく、祭りに使った青銅祭器である。とすると、祭りに使った銅鐸、銅矛、銅剣三百五十八本を、一括して山のなかに埋めるという祭りのありようはいったいなんなのだ、ということになる。この時期、いかに出雲に国産の青銅器が集中していたことか。この出雲での発見は従来の青銅器論に大きな転換を迫った。

弥生時代の中期から後期へと、加茂岩倉遺跡の銅鐸で見たように、青銅製の祭器が畿内を中心に福井、岐阜、奈良、和歌山、大阪、岡山、兵庫、徳島、鳥取、瀬戸内、出雲などに散在した。加茂岩倉遺跡では、十五種類二十六個が兄弟銅鐸だった。兄弟銅鐸の分布から見ると、弥生時代の中期から後期にかけては、閉鎖的な社会ではなく、広範囲にわたって人とモノが行き来していたことが見えてくる。その事実は、見逃してはいけない。そしてこれらの出土地を見れば、畿内から西が銅鐸や青銅器の文化圏であったことがはっきりわかるのである。

それにしても、これらの銅鐸がどうして出雲などから埋納された状態で出土するのか。なぜ、銅鐸の祭祀は三世紀前半に消滅していったのか。これらの銅鐸の分布と邪馬台国の勢力範囲とはどのような関係にあるのか、それらが問題になる。

そこで頭に浮かんでくるのは、大型古墳の副葬品に銅鐸が出た例は一例もない、ということである。つまり大型古墳が築造されるようになる前の弥生時代の最終段階で、銅鐸の祭りは終わりを告げたということである。

邪馬台国の祭りとその後の祭りとのあいだに関連性はあるのかどうか。銅鐸祭祀の消滅が三世紀前半とすれば、邪馬台国女王卑弥呼擁立の時点か、あるいはその統治のまっただ中の出来事だったのか、それは邪馬台国との関係のなかで解き明かされなければならない問題である。

共通した思想体系

近年の東国、とりわけ信濃における弥生時代中期後半の青銅器の一括発見は注目に値する。二〇〇七年十月、長野県中野市柳沢遺跡で千曲川の堤防整備工事中に七本の銅戈と銅鐸片が発見された。これは弥生時代中期後半での青銅祭器発見の北限例であった。長野県の弥生中期後半といえば、栗林遺跡の栗林式土器の時期であり、さらにしぼりこめば紀元前後頃の年代が考えられる。

柳沢遺跡での七本の銅戈のうち一本は九州型銅戈であり、他の六本は大阪湾型銅戈で、これらが同一土坑のなかに刃を立て切っ先を西に向けて並列していたことは考古学的に見て驚くべきことである。そしてその至近距離に銅鐸一個が埋納されていたところから、これらの青銅器は祭器として一括して埋められたものと推定された。

その後柳沢遺跡では、礫床木棺墓と呼ばれる、長野県から群馬県方面に見られる同時代の墳墓が二十基も発見されたのであるが、二〇〇九年にいたって、新たに銅戈一点と銅鐸片が総計三十九点もみつかり、銅鐸は四個分であることも明らかになった。その銅鐸には流水文銅鐸のほか袈裟襷文銅鐸も含まれ、弥生中期末から後期初頭頃に埋納されたものと思われた。

これより先、神戸市桜ケ丘遺跡で、銅戈七本と銅鐸十四個がまとまって発見されたのは、一九六四年（昭和三十九）のことであったが、このように銅鐸と銅戈がセットとなって出土した柳沢遺跡の例は東日本でははじめてのことだった。

それにしても弥生時代中期から後半の銅鐸五個（銅鐸破片）と銅戈八本が同一地点からまとまって出土したことは、何を意味するのか。それは長野県中央部、同北部の千曲川流域地方においても、近畿地方と北九州で執行されていた青銅器祭祀と同様の共同体祭祀が執行されていたことを推測させるものである。同じ社会体制、つまり共通した思想体系が営まれていたと考えられるのである。紀元前の二世紀か一世紀の段階で、銅鐸や銅戈を祭器として祀（まつ）っていた近畿や瀬戸内や北部九州と同じパターンの祭りが、長野県北部でもおこなわれていたことになる。そうなると、弥生時代の中期段階の日本列島の見方が変わってくる。

青銅器の埋納については、祭器としての存在を否定する行為であるとか、それが新しい古墳時代の幕開けになったのだ、などいろいろな説があるが、一八〇年代頃から二四〇年代頃の卑弥呼の時代には、日本列島では、かなり広範囲に青銅器を使った祭りがおこなわれていた。そういう状況がもっとも自然だと考えられるのではないのか。

そうなると、邪馬台国の女王卑弥呼の共立以前においても、紀元前二世紀か一世紀、すでに九州や近畿の祭祀は、長野にまでおよんでいた可能性が高いのではないかという考えが支配的になってくる。すでに指摘したように、島根県加茂岩倉遺跡の銅鐸三十九個は、同笵（兄弟）銅鐸の存在から出雲世界にのみ限定されるものではない。さらに長野県柳沢遺跡では九州型銅戈と大阪湾型銅戈が同所から出土したとなれば、弥生時代中期後半の社会が示す文化的な領域が、列島の広汎な地域を包み込んでいたことを示すと理解すべきであろう。

しかもそういう青銅器の祭器としての性質を否定するような、一括埋納という行為が、邪馬台国とどのように関係するのか。またそれは、邪馬台国の女王卑弥呼が共立される前に起こったという倭国大乱と関係があるのかどうか。祭祀具を一括埋納する事態はかなりの異常事態であったと想定できるのである。

東京湾沿岸も邪馬台国の領域

東京湾沿岸の千葉県君津市の大井戸八木遺跡から、弥生時代後期の方形周溝墓が発掘され、鉄製の釧（腕輪）やガラス玉が五十四個、管玉が十三個、勾玉も一個出土した。土壙墓のなかには木棺があり、人物が埋葬されていて、青銅製の釧があり、小銅鐸もあった。

京都大学の梅原末治氏は、銅鐸が前方後円墳の墳墓から副葬品として出てきたためしはない、と主張されていたが、いまでも典型的な墳墓の副葬品に銅鐸が埋納されている例を私は知らない。しかし大井戸の例は小銅鐸とはいえ、まぎれもない土壙墓からの出土品である。

また木更津市中越遺跡の弥生時代後期後半の住居跡からは、小銅鐸と、小さな銅鐸のなかに石を吊るして振ると音のする石製舌が出ている。これは、当時の生活様式を考えるうえで、重要な例である。

千葉県市原市ちはら台遺跡群の川焼台遺跡からは、高さ一二センチメートルの鈕に凸線がある三河・遠江に多いのでその名がつけられた三遠式銅鐸の特徴をもつ小銅鐸二個が出土している。

さらに、同じちはら台遺跡群の草刈遺跡からも二個、市原市天神前から一個、袖ケ浦市文脇遺跡から一個と、先に紹介した大井戸遺跡、中越遺跡のものをあわせると、この一帯だけで計八個が出土している。弥生時代の後期後半の、祭器としての特徴が色濃く残っているこの小銅鐸は、高さ、六センチメートルから一〇センチメートル、大きくても一二センチメートル程度のものである。

小銅鐸は朝鮮式小銅鐸とその模倣品、さらに日本の銅鐸の模倣品とさらにその小型品など、大きく四つに分類されている。土壙墓からの出土例もあるので、銅鐸本来の弥生時代の祭器としての性格が変化したものであろう。

木更津市中越遺跡の出土例は、小さな銅鐸のなかに石を吊して舌（ぜつ）としていたし、静岡県袋井市愛野向山遺跡では銅鏃をなかに吊して舌としていた例があるから、小型ながらも音を発する役割を持っていたことも事実である。

銅鐸の模倣品で高さ六〜一二センチメートルほどの例は北部九州から岡山、千葉、栃木など二十数例の出土が知られている。

とりわけ東京湾沿岸の地域では弥生後期から古墳出現期にかけて八例も出土していて、祭器というより弥生後期人の生活のなかに持ち込まれた一種の音を出す道具であった。

弥生時代、本来の音を出す祭器としての銅鐸の性格が変化したことは、明らかであるが、高さ一〇センチメートル以下という小銅鐸の持っていた役割については不明といわざるをえない。しかし弥生人の生活のなかに妙なる音響を発する青銅製品は厳粛な祭祀儀礼に必要な楽器であったといえるかもしれない。

弥生時代中・後期に重要な祭祀品としてムラの共同祭祀品であった銅鐸とは、性格は変化したが、なお銅鐸の系譜上にある小銅鐸の存在は、弥生時代後期から古墳出現期の東国社会の歴史的な性格を滲み出しているように思われる。それが邪馬台国問題とどのようにかかわるのか、なお明確にしがたいが、弥生青銅器文化の系譜がたどれるとしたら、二、三世紀の社会のあり方として、邪馬台国世界の領域に入っていた可能性があると思われる。

また東京湾沿岸でもっとも古い墳丘墓とされる神門五号からは、穴が六つある銅鏃が出ている。銅鏃も、土器も、市原地域と三河、遠江とのかなり深い関係があったことをうかがわせる。

これらのことを冷静に見れば、弥生中期段階では、西日本的な青銅器文化は長野までがその領域下にあったものが、その後弥生後期の段階になると、伊勢湾沿岸の尾張、三河、遠江の青銅器文化も東京湾沿岸の諸地域にまで拡大し、弥生後期の終末の世相を示すに至ったと思われる。

戦乱を収拾させ、一女子を共立したという邪馬台国の範囲、性格、構造というものの解釈は今後相当変更を迫られる可能性があると思われる。

第四章　鉄と鏡の考古学

九州が圧倒する弥生後期の鉄器

倭国大乱の時代を経て、邪馬台国の時代を迎える。邪馬台国はどこにあるのか、その論争は決着のつかぬまま長いあいだ展開されてきた。本章では、考古学的観点から二大学説である「邪馬台国畿内説」「邪馬台国九州説」、それぞれの主張を再検討してみよう。

「魏志倭人伝」には、倭人は鉄の鏃（やじり）を使う（「竹箭はあるいは鉄鏃、あるいは骨鏃なり」）と記されているが、九州説に有利な考古学的な根拠は鉄器の出土数が大和を圧倒していることである。『季刊邪馬台国』（梓書院）責任編集者の安本美典氏など、九州説をとる先生方が主張されているように、九州では奈良県の約百倍の鉄鏃が出土し、鉄刀、鉄剣、鉄矛、刀子（とうす）も同様の分布の特色を示しているという事実がある。つまり鉄器の出土数の多さが九州説の拠（よ）りどころのひとつとなっているのである。これは畿内説を唱える学者にとっては考古学的矛盾を抱える大問題だ。

たしかに鉄刀・鉄剣・鉄矛・鉄戈などの鉄製武器は、畿内よりも、九州から圧倒的に多く出土している。

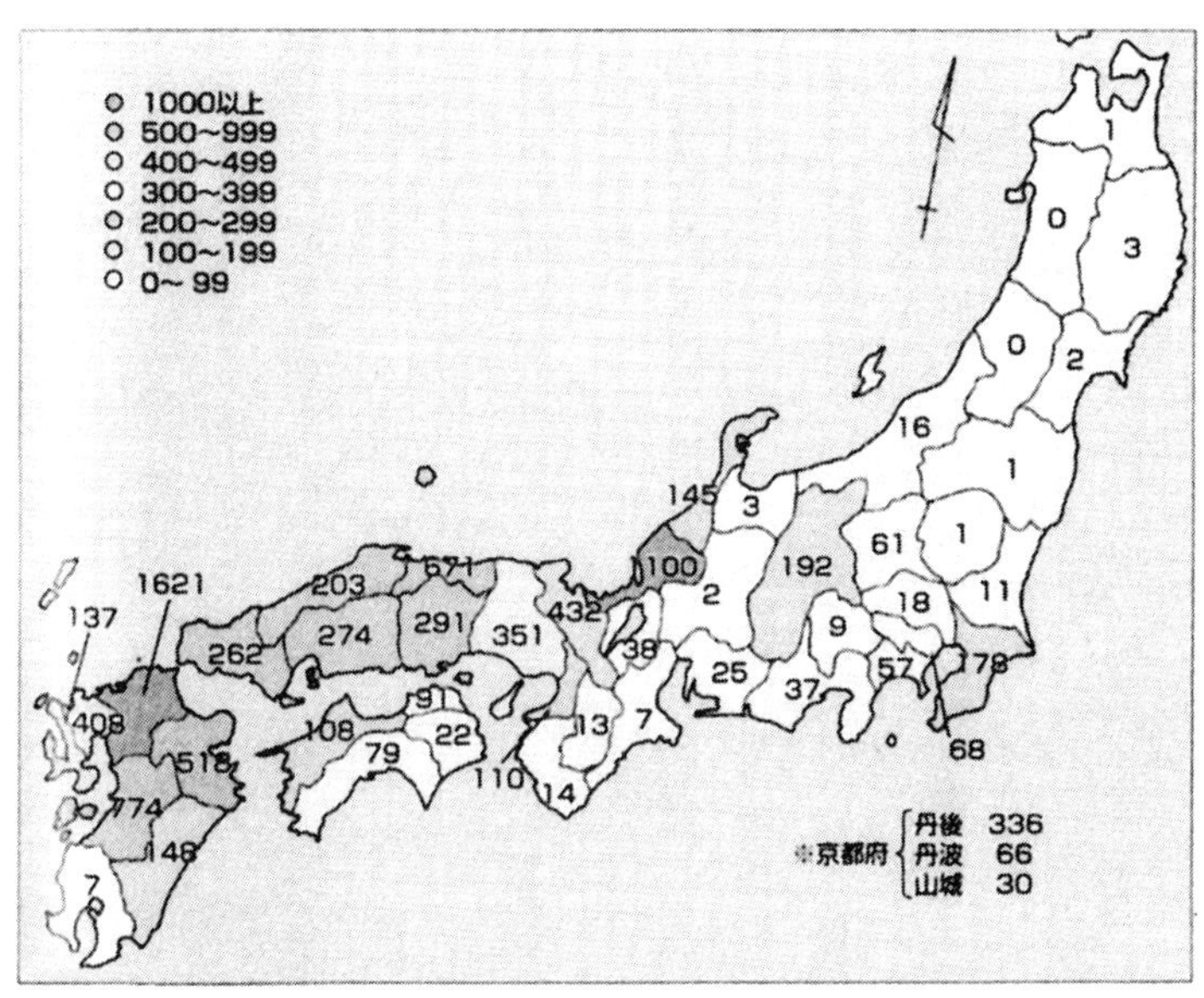

弥生時代の鉄製品出土数（大阪府立弥生文化博物館編『青いガラスの燦き』大阪府立弥生文化博物館、2002より。川越哲志『弥生時代鉄器総覧』をもとに作成）

大和が邪馬台国の本拠地というのであれば、鉄製の武器などが、圧倒的に北部九州に集中して出土してくる考古学的矛盾をどう解釈するのか。

文化程度や社会構造などからいっても、絹製品や生活用品の出土例も北九州が優位となっていることは否めない。九州説論者の指摘はたしかに的を射ている。邪馬台国の所在地としては福岡が圧倒的に優位のように思われる。しかしもっと広い考古学的見地から検討すると、鉄器の出土数＝邪馬台国の論理には納得のいかないことがいくつか存在するのである。

鉄器は九州以外からも多く出土する

邪馬台国ははたして北部九州だけで完結しうるのか。それが私の大きな疑問であった。

ところが埋蔵文化財の行政発掘など、日夜発掘に従事している若手の研究者の研究会がまとめあげた鉄器の出土の新しい考古学データによると、大阪湾沿岸の河内、南河内、播磨と、琵琶湖沿岸から日本海沿岸の但馬などの地域に、鉄鏃などが相当数出ているということがわかってきたのである。紀元前一〇〇年〜紀元後一〇〇年の日本海沿岸の地域や大阪湾沿岸の遺跡から、鉄器類が相当量出ているし、圧倒的に日本海沿岸からの鉄製品の出土例が多いというのである。

また鳥取県教育委員会の高田健一氏の報告では、鳥取における弥生時代後期に属する鉄器出土量は、約千八百点に達しているとあるので、当時、山陰地方にかなり鉄器が集中していたと思われる。

しかし、大和からは鉄製品の出土が少ない。それはなぜか。大きな理由のひとつに日本海沿岸の地域では緊急の墳墓発掘が多くおこなわれているために、鉄製品の発掘例が多いが、一方の大和では、墳丘墓の発掘調査があまりおこなわれていないことが挙げられる。

大阪湾沿岸でも方形周溝墓の発掘などがおこなわれていて、そこからの鉄製品の発掘は多い。大和が少ないのは弥生時代墳墓の発掘例が少ないからか、それとも、ほんとうに鉄製品の副葬が少なかったのか。大和盆地にも唐古（からこ）・鍵（かぎ）遺跡のような弥生時代の集落遺跡はあるので、木製品とともに、木工具や農具などの鉄製品が出ていなければおかしいのである。

東日本でも、例えば、群馬県で高速道路を造るために先年、大発掘がおこなわれたが、そうしたなか弥生時代後期の棺の下に礫を敷いた礫床木棺墓（れきしょうもっかんぼ）がいくつか発見され、鉄の剣などの鉄製品がかなり出てきている。東京都内の遺跡からも鉄製の腕釧などが出てきている。

ところが鉄器がほとんど出土しないところもある。

私は学生時代から毎年、福岡市板付（いたづけ）遺跡や静岡県の登呂（とろ）遺跡の発掘に関わってきた。登呂遺跡のような大遺跡を構成しているところから出土する膨大な木製品は、鉄製の木工具で割ったり、削ったりしなければ作れないはずであるのに、鉄の遺物が残っていないことに少なからず疑問をもっていた。それは戦後すぐにおこなわれた登呂遺跡の発掘当初から感じていたことだった。静岡平野のように掘ればすぐに水の湧く、べたべたしたシルト状の粘土質の遺構と、北部九州のように硬い花崗岩（かこうがん）土壌の地層の遺跡とでは、まったく鉄の保存状況が異なる。登呂遺跡のような土壌では鉄器の遺物は残りにくいのではないか。

歴史材料科学が専攻で『金・銀・銅の日本史』という著書のある京都国立博物館の村上隆（りゅう）氏などは、最近のアメリカやヨーロッパの分析方法で、静岡の登呂遺跡の土壌を分析すると、鉄器を腐らせる土壌であるという研究報告をされている。登呂遺跡のような土壌では鉄器などはまったく残らないか、残りにくい。低湿地と、乾いた土壌とでは鉄器の残存率がまったくちがうという。

湿地帯の奈良盆地でも同様のことがいえるのかどうか。邪馬台国の候補地として挙げられている纒向遺跡からも鉄製品の出土例はない。低湿地からわずかに小高くなったところに遺跡があるので、鉄の保存環境としては非常に悪いという可能性がある。

つまり鉄は、九州以外の山陰、近畿や東海、関東などでも、かなり普及していたのではないかと思う。

同じく学生時代に発掘の手伝いをしたこともある神奈川県三浦半島の赤坂遺跡からは、みごとな鉄斧(てっぷ)が出たことがある。三浦半島の弥生時代中期の遺跡から、こんな鉄斧が出るなんて、まがい物じゃないのか、と話をしたことを覚えている。

もちろんまがい物などではなくて、東京、神奈川、千葉などの弥生時代中・後期の集落遺跡から、鉄製品も多数出てきているのである。ということは、関東にまで相当数普及していたことになる。しかしこの鉄製品はどこで作られたのか。

鉄製品製作の一例としては弥生時代後期後半の遺跡で、福井県の九頭龍(くずりゅう)川の流域にある林・藤島遺跡がある。ここの集落からは十三棟もの工房と、そのなかから千二百七十二点の鉄器片が発見され、そのうちの九百七十二点が鉄製の錐(きり)であったとの報告がされている（村上恭通「日本海沿岸地域における鉄の消費形態——弥生時代後期を中心として」『古代文化』第五三巻第四号、古代学協会、二〇〇一年）。

日本海沿岸の島根、鳥取、福井、石川、富山、新潟の最近の発掘状況は、鉄の需要がかなりあったことを物語る。さらに長野県内にも多くの発掘例がある。長野県木島平(きじまだいら)村に根塚(ねつか)という弥生時代後期の墳丘墓があるが、ここの首長を埋葬した土壙墓のうちのひとつから、渦巻き飾のある長い鉄剣が出ているのだ。

九州大学の西谷正（にしたにただし）氏が「これは伽耶（かや）の鉄剣やね」と指摘された鉄剣である。この鉄剣を九州テクノリサーチ・TACセンターの大沢正己氏にも分析していただいたところ、「これは伽耶から運ばれたものだよ」とおっしゃった。韓国の先生がたも、これは韓国金海の良洞里（ヤンドンニ）遺跡から発掘された鉄剣と同じ型だと指摘されている。

伽耶の鉄剣であるとすれば、いったいどのようにして運ばれてきたのか。

西谷氏は、北九州から瀬戸内を通って運ばれてきたと発言されている。北九州から瀬戸内を通って大和、さらに古代の東山道ルートをたどって長野まで運ばれたという可能性も成立しないわけではない。しかし私は、朝鮮半島の南部から、おそらく日本海沿岸を舟で運び、信濃川河口から入って、千曲川をさかのぼり運ばれてきたのではないかと思っているがどうであろう。

とにかく現時点での鉄の出土数という観点で言えば、九州説は有力だ。しかしこのように鉄が残りにくい土壌があるということを考慮すると、鉄製品が少ない＝大和は邪馬台国ではない、という主張はもう少し慎重に検討する必要がある。

卑弥呼がもらった百面の鏡

鉄器の出土数とともに邪馬台国の所在地を考えるうえで重要な論点として挙げられるのが卑弥呼の

鏡にまつわる論争である。

「魏志倭人伝」に記される女王卑弥呼がもらった銅鏡がどのようなものであったか、これは邪馬台国を論ずるうえで欠かせない大きなテーマである。

日本の遺跡から出土する鏡を大きく分けると、中国で作られ輸入された船載鏡（はくさいきょう）と、日本国内で作られた仿製鏡（ほうせいきょう）とに分類される。さらに船載鏡は作られた時代や場所によって前漢鏡、後漢鏡、魏晋鏡、呉鏡などと分類されている。

銅鏡の多くは前方後円墳出現以前の弥生墳丘墓からの出土鏡であり、完形だけでなく破鏡もしくは破砕鏡として出土する例も多い。鏡の種類は、方格規矩鏡（ほうかくきくきょう）・内行花文鏡（ないこうかもんきょう）が主流で画文帯神獣鏡（がもんたいしんじゅうきょう）・斜縁半肉彫獣帯鏡（しゃえんはんにくぼりじゅうたいきょう）そして三角縁神獣鏡などである。

弥生後期末葉から古墳出現期の庄内期における後漢鏡を主体とした副葬鏡の分布は、瀬戸内地方から四国、近畿および日本海沿岸、東海地方におよんでいるが、現況の出土数をみれば北部九州が圧倒的に多い。

一方、一九一〇年に発見された群馬県高崎市の柴崎蟹沢（かにさわ）古墳や一九一七年に発見された兵庫県豊岡市森尾古墳の出土鏡に正始元年（二四〇）銘のものがあったことから、これこそが難升米（なしめ）たちが持ち帰った魏の鏡であると考えられた。三角縁神獣鏡は、大和から多く出土している。卑弥呼の鏡が三角縁神獣鏡であるとすれば、当然大和が邪馬台国の有力な候補地になる。

卑弥呼がもらった鏡は前漢鏡か、後漢鏡か、三角縁神獣鏡か。あるいは画文帯神獣鏡なのか。九州説・大和説の分かれ目に鏡の種類の問題がたちはだかっているのである。

九州の甕棺から出土する漢鏡

まず九州から出土する鏡について見てみよう。

前漢鏡は主に弥生中期後半の甕棺墓（かめかんぼ）から出土している。甕棺葬の起源は紀元前四〇〇〇年の中国にすでにあったというが、日本では縄文時代から小児用としておこなわれた痕跡がある。成人用としての大きな甕棺は弥生時代の北部九州で見られ、弥生前期後半には大型甕棺が使われるようになった。こうした甕棺のなかには、朝鮮製の青銅器（銅剣・銅矛・銅戈）や楽浪郡経由で入手したと見られる前漢鏡、玉類などが副葬されている例がある。

佐賀県吉野ヶ里集落の北側に中期前半の墳丘墓があり、その墳丘墓上に十四基の甕棺墓があった。そのうちの八基に把頭（つかがしら）飾付き有柄細形銅剣、中細形銅剣をふくむ銅剣八本やガラス製管玉（くだたま）七十九個が副葬されていた。しかし鏡の埋納はなかった。集落の周辺にある何千という甕棺墓列のなかには、そういった副葬品はほとんどなにも入っていなかったが、中期後半の甕棺墓からは前漢鏡が一面見つかっている。

また弥生時代中期の前半、あるいは前期末の遺跡として福岡市が整備をつづけてきた西区にある吉武高木遺跡では、朝鮮半島からダイレクトにもたらされた細形銅剣や細形銅矛、細形銅戈などとともに多鈕細文鏡が発見されている。

多鈕細文鏡は朝鮮半島から中国東北部・沿海州などの北系統の特徴をもった鏡で、吉武高木遺跡をはじめ各地から十面くらい出ている。弥生時代の前期末から中期前半にかけて北九州の甕棺の副葬品としては、朝鮮製の多鈕細文鏡に青銅器がともなう。

また倭の奴国とされる福岡県春日市岡本の須玖岡本遺跡からは多くの鏡が発見されている。江戸時代に福岡藩（黒田藩）の国学者であった青柳種信（一七六六〈明和三〉～一八三五〈天保六〉）が編纂した「筑前国続風土記拾遺」がある。そのなかに記された広形銅矛の鋳型を所蔵していたという熊野神社が、明治時代に境内の「王墓の上石」と呼ばれる大きな石板を、家を建てるため動かしたところ、その下に甕棺があり、なかから多数の鏡片が発見されたという。その際、鏡は埋め戻されたが、その後、中山平次郎氏や京都大学が調査をおこなった結果、銅矛、中細形銅戈、銅剣、ガラス璧片、ガラス勾玉、ガラス管玉などのほか、漢代の中国鏡は三十面ほどの数にのぼった。

春日市教育委員会編『奴国の首都　須玖岡本遺跡』によると、須玖岡本遺跡の鏡群はすべて紀元前二～前一世紀の前漢鏡だとされる。この須玖岡本遺跡に埋葬された人物は紀元五七年に漢の光武帝から「漢委奴國王」印を授かったとされる奴国王よりも、一世紀前の王だと考えられる。

また第二章でも触れたが、伊都国ともいわれる糸島市の三雲南小路遺跡からは江戸時代の一八二二年（文政五）に弥生時代中期後半の甕棺が発見され、なかから重圏精白鏡・内行花文精白鏡など前漢鏡が三十五面発見された。この遺跡ではほかに、有柄銅剣一本、細形銅矛二本、銅戈一本、ガラス勾玉一個、ガラス管玉多数、ガラスの璧(へき)一枚などが出土している。

この三雲南小路遺跡の甕棺から出土したと記されるもので現存しているのは、銅鏡一面と銅剣一本のみ。しかもこの遺跡は青柳種信の『柳園古器略考』に記されてはいるものの、場所は不明になっていた。

一九七五年（昭和五十）、その三雲南小路遺跡と推定される地点が福岡県教育委員会によって発掘調査され、甕棺が掘り出された跡と新たな甕棺とが発見された。江戸時代に発見された甕棺の跡を一号甕棺、新たに発見された方を二号甕棺と呼んでいる。その後周囲を発掘すると溝が巡り、南北三二メートル×東西二二メートルの長方形の墳丘をもつことがわかった。

二号甕棺の高さは一二〇センチメートル、胴の直径は九〇センチメートルの大きさだった。二号甕棺の副葬品として中国製の前漢鏡二十二面以上、硬玉製勾玉一個、ガラス勾玉十二個などが出土した。その他、一号甕棺の破片、副葬品の銅鏡の破片、ガラス製の璧七枚分、それと新たに金銅製の四葉座飾金具八個が出土したと報告されている。この墓の年代は甕棺の型式から弥生中期後半と考えられている。

また前述の『柳園古器略考』には、三雲南小路遺跡から約一〇〇メートル南の井原鑓溝(いわらやりみぞ)遺跡から、江戸時代の天明年間（一七八一〜八九）、中国製の銅鏡二十一面を副葬した甕棺が発見されたとの記録もある。梅原末治氏は一九三一年(昭和六)にこの記録を整理し、二十七個の漢鏡片から十八面の鏡を復元されている。これらはすべて中型の方格規矩四神鏡で、前漢末から後漢初めの鏡ということであった。これらの鏡に加え、巴形銅器、鉄刀・鉄剣類が発見されているが、細形銅剣・銅矛などは出ていない。

この遺跡もまた確かな位置は不明であったが、大字井原字ヤリミゾという地名の場所を前原市教育委員会が一九九四年から調査したところ甕棺や木棺がみつかり、木棺墓からみつかった約十片の銅鏡の破片が「方格規矩四神鏡」一面分であることがわかったという。これは三雲南小路の王墓から、数世代後に埋葬されたと思われる。

北部九州でも弥生時代の中期後半になると、甕棺に副葬する鏡は朝鮮半島から中国東北部の系統の特徴をもった鏡から中国製の前漢鏡になる。これは弥生時代の中期の後半段階、紀元前一〇八年に前漢の武帝が、朝鮮半島北部、いまの平壌付近に楽浪はじめ四郡を設置したことに関係するものだろう。この時期に北部九州には、中国製の前漢鏡をはじめとした鏡がかなりもたらされる。その事実から、北部九州の弥生時代中期後半の甕棺から出てくる鏡はすべて中国製で、前漢代の鏡と考えられてきた。

北部九州の弥生中期から後期の甕棺でも、前漢鏡だけがまとまって副葬されている時期と、やや形式化した前漢鏡のほか、後漢鏡も出る甕棺がある。

つまり、時期によって副葬されている中国の鏡がちがうということであり、前漢鏡と後漢鏡がそれぞれ一括して日本に入ってきて、鏡がまざりあわないうちに甕棺に副葬されたと考えられる。

北部九州の弥生時代後期初頭になると、甕棺からは中国の後漢鏡をはじめ銅釧（どうくしろ）など国産の青銅製品が出てくるようになり、後漢鏡の方格規矩四神鏡の鏡銘の文字は隷書体になってくる。

破砕された銅鏡

邪馬台国九州説のいちばんの弱点は、九州内でこれといった卑弥呼の墓の候補が見当たらないことであろう。かつてはその卑弥呼の墓の候補として考える研究者もいたのが、第二章でも触れた一九六五年（昭和四十）に発見された福岡県糸島郡前原町（のち前原市、現糸島市）の平原王墓（ひらばるおうぼ）である。この墓は東西一三メートルと南北九・五メートルの方形周溝墓で、真ん中に土壙が掘られ、中央付近には長さ三メートルの刳抜（くりぬき）式木棺の痕跡があり、大量の朱が撒かれていた。

そこから鏡の破片が四十面分出土した。そのうちの五面は最大径四六・五センチメートル、日本最大の内行花文八葉鏡で、これらは当時の伊都国で生産されたものという見解がある。

また後漢の鏡とされる方格規矩四神鏡三十二面があったが、そのなかには六種類十四面の同型鏡があり、これも舶載鏡か仿製鏡かで異論がある。内行花文鏡をふくむ五面は副葬品として棺外の頭部両側から出土したが、破片が大きく全部揃うことから完形品であったと推定されるが、残りは全部破砕鏡だった。つまり大きな鏡をわざわざうち割って土壙のなかに入れてあったのであるが、頭と足の付近で大量に見つかった鏡の破片のうち頭付近の破片はすべて復元できた。

これらの鏡のなかで超大型鏡と十四面の同型鏡は、筆者は国産の鏡だと考えている。しかし異論がないわけではない。二〇〇九年に再発掘された奈良県桜井市の桜井茶臼山古墳の鏡もすべて破砕されていたが、この時期の鏡がなぜ破砕されたのか、理由はわかっていない。筆者は、おそらく葬送の秘儀に用いた鏡を壊して現世との絆を断ったのではないかと思っている。

平原遺跡にかんする前原市教育委員会の「文化財調査報告書、第七十集」には、出土した鏡四十面についての報告「平原王墓出土銅鏡の観察総括」がある。そのなかの「超大型内行花文鏡の検討」のなかで國學院大学の柳田康雄氏は、直径四六・五センチメートルの超大型鏡や、鈕座の八葉文や九重の同心円文は、中国鏡にはなく、湯口の位置が鈕孔方向に直交しているのは、中国鏡製作技術と異なると述べている。さらに、同型鏡が五面あることは、大量生産技術や政治体制を備えていたことを示す、と指摘し、同遺跡出土の大型内行花文鏡が倣製鏡（仿製鏡）である可能性を考えている。

また、この平原の大型鏡については、奈良県柳本大塚、下池山古墳などから出土している大型鏡と共通した点があることから、かならずしも伊都国生産と限定しがたいという見方もあり、たとえ仿製鏡であったとしても、中国から渡来した工人の手による鏡ではないかという疑問も出ている、と紹介している。

それにしてもなぜ平原王墓が造られたこの時期（西新式土器があらわれる直前の弥生終末〈二〇〇年頃〉との見解が一般的）に国産鏡になるのか。その背景には、二二〇年に後漢が滅びるという事件がある。中国鏡の日本への流入が減ってくると、この段階で中国の小型鏡のほかに、国産の小銅鏡が副葬されるようになっていったと考えられる。

弥生時代中期のシンボルであった北部九州の甕棺は、後期段階には箱式石棺や土壙墓へとかわってしまう。それにともなって副葬品のあり方までかわる。北部九州の中期から後期への、こうした考古学的状況をわれわれはどのようにうけとめて理解したらいいのであろうか。このことも邪馬台国の所在地とかかわる重要な課題である。

三角縁神獣鏡発掘の歴史

そうした流れを踏まえたうえで、「魏志倭人伝」に記された鏡はどのような種類なのか。それが後漢鏡であれば後漢鏡を多く埋納している九州が有力になる。一方、卑弥呼の鏡が魏の皇帝から贈られたとすれば、その鏡は魏鏡で、三角縁神獣鏡や画文帯神獣鏡であるはずだと考える研究者が多かった。

三角縁神獣鏡は、鏡縁がダイナミックな三角形断面を呈し、面径は二二～二三センチメートルという大型鏡で、主要な文様が神獣文であるという点が特徴である。この縁が三角になっている鏡を三角縁神獣鏡として鏡式にしたのは、上野の帝室博物館にいた高橋健自（たかはしけんじ）氏だった。高橋氏は、三角縁神獣鏡という名前は使っていない。この言葉を学術用語としてはじめて使ったのは、やはり帝室博物館にいた、筆者の恩師の後藤守一先生である。後藤先生は『考古学雑誌』十巻六号（一九二〇）に「銅鏃に就て（五）」というテーマで論文を連載されたことがある。このなかで三角縁式神獣鏡という鏡式名を使ったことから、三角縁神獣鏡と呼ばれるようになる。

京都大学の兼任講師をされていた富岡謙蔵氏は大正のかなり早い段階に、『古鏡の研究』のなかで銘文中の「銅出徐州」「師出洛陽」という文言から、三角縁神獣鏡を魏晋代に限定できるとし、卑弥呼がもらった「銅鏡百枚」は、この鏡だという見解を示した。

国分茶臼山古墳（大阪府柏原市）から出土した三角縁神獣鏡には、「銅出徐州、師出洛陽（銅は徐州に出づ、師は洛陽に出づ）」の銘文があった。これを富岡謙蔵氏は、「鏡の原料の銅は徐州に産出し、鏡工人は洛陽の出身」と解釈し、この銘文を持つものは三角縁神獣鏡に限られるとした。そして、徐州という呼び方が使われたのは魏〜晋時代に限られること、「師」の字は晋の「司馬師」の諱（生前の実名）であり、魏朝が二六五年に滅亡し、つぎの晋朝にはいると、「司馬師」の「師」を使用することは禁じられていたはずであることを挙げ、この鏡が魏鏡であることを主張した。

富岡謙蔵氏は、四十五歳の若さで亡くなり、そのあとを継いだのが梅原末治氏だった。梅原氏は富岡氏の鏡の研究を『古鏡の研究』という本にまとめた。

卑弥呼の鏡が、表舞台に出て問題となるのは日本が戦争に負けてからのことである。

一九四五年（昭和二十）八月十五日、終戦を迎え、二年後、筆者は戦地から帰ってきて、登呂遺跡の発掘に行っていた。

その頃、全国で建築ラッシュが起こる。大阪府茨木市でも、紫金山古墳という前方後円墳の後円部上に警察病院用の水道タンクを造ろうという計画がもちあがった。

海軍から復員した小林行雄氏は、京都大学考古学研究室の助手として、一九四七年（昭和二十二）、この紫金山古墳を掘っている。国産の鏡もふくめて十二面の鏡が出土、そのなかに三角縁神獣鏡もあったため、大きな話題になった。

その翌年の一九四八年（昭和二十三）、翌四九年頃には、佐賀県の唐津に近い福岡県一貴山（いきさん）銚子塚古墳を小林行雄氏が発掘する。古墳があるために、海岸からの風が通らないので、古墳の墳丘を切り取って風の通りをよくしてくれという地主さんからの要望があってのことだった。戦争直後の一時期は、こういう理由が通ってしまうことがあった。

その竪穴式石室から鏡が十面出てきた。そのうちの八面は国産の三角縁神獣鏡で、あとの二面は中国の後漢の鏡だった。そのうちの一面の四神鏡は、金鍍金（めっき）がしてあるというたいへんな鏡だったのである。

しかし、大和説の研究者のあいだでは、三角縁神獣鏡が卑弥呼の鏡であるならば、大和から発見されなくては意味がないという思いが強かったのも事実である。

そうした時に、一九五〇年（昭和二十五）から五一年にかけて、大阪府教育委員会と日本考古学協会による大阪府和泉市の和泉黄金塚（こがねづか）古墳（築造は四世紀後半頃）の合同調査を末永雅雄氏が担当されて実施された。そこで、景初三年銘、つまり卑弥呼が魏から「銅鏡百枚」をもらったとされる、まさにその紀年銘をもつ画文帯同向式神獣鏡が出土したのである。

そして一九五三年（昭和二十八）の三月。当時の国鉄京都駅から奈良へ行く奈良線の上狛（かみこま）付近の切り通しの傾斜をゆるくするための工事で古墳を切り崩していると、石室にぶつかった。京都府の椿井（つばい）大塚山（おおつかやま）古墳の石室である。竪穴式石室を縦に切断するかたちで穴があいていて、そのなかから三十二面の三角縁神獣鏡をふくむ総数約四十面もの鏡が発見された。その鏡の多さから、この古墳の被葬者が鏡配布のセンター的役割を担っていたと考えられた。

この和泉黄金塚古墳の景初三年銘鏡は卑弥呼の鏡と思われていた三角縁神獣鏡ではなかったものの、この発見は、椿井大塚山古墳の三十二面もの三角縁神獣鏡の出土と相俟（ま）って、一気に邪馬台国大和説を浮かび上がらせることになったのである。

魏や呉の年号を記した紀年銘鏡

しかし、日本各地で鏡の発掘がすすむにつれ、考古学上の諸見解は、錯雑化の様相を見せはじめた。和泉黄金塚古墳から出土した紀年銘鏡は画文帯神獣鏡であり、三角縁神獣鏡ではなかった。しかも三角縁神獣鏡の発掘例は、百面をはるかに超えてしまう勢いである。卑弥呼の鏡にしては数があまりに多くなりすぎてしまったのである。

三角縁神獣鏡は卑弥呼の鏡とは無関係なのか、そうした疑問が大和説の学者からもささやかれるようになった。しかしそう簡単に卑弥呼の鏡説を否定することもできないのである。

吉川弘文館
新刊ご案内　2021年5月
〒113-0033・東京都文京区本郷7丁目2番8号　振替 00100-5-244（表示価格は10%税込）
電話 03-3813-9151（代表）　FAX 03-3812-3544　http://www.yoshikawa-k.co.jp/

"恋愛"で歴史が動く⁉
涙誘う純愛から不義密通まで。

恋する日本史

好評2刷

『日本歴史』編集委員会編

A5判・二五六頁／二二〇〇円

天皇・貴族から庶民にいたるまで、昔の人びとはどのような恋をしていたのだろう？　第一線で活躍する歴史学・国文学などのエキスパートが、日本史のなかの知られざる恋愛エピソードを紹介。あの有名人の恋愛スキャンダル、無名の人物が貫いた純愛、異性間に限らない恋心、道ならぬ恋が生んだ悲劇…。恋愛を通してみると歴史はこんなに面白い！　『内容案内』送呈

史実に基づく正確な伝記シリーズ

人物叢書

日本歴史学会編集　四六判

幣原喜重郎（しではらきじゅうろう）

種稲秀司著

三五二頁／二六四〇円

近代日本の外交官・政治家。ワシントン会議全権を務め、外相として幣原外交を展開。敗戦後首相となり、日本国憲法草案を発表した。多彩な史料や新聞雑誌記事、議会議事録を駆使して生涯を辿り、外交理念、信念を考える。（通巻308）

大伴旅人（たびと）

鉄野昌弘著

三〇四頁／二四二〇円

『万葉集』などに数多くの作品を残した歌人・政治家。栄達の過程、大宰府への下向、山上憶良との交友などを、歌とともに辿る。大伴氏の中核で高級官人でありながら、個人の心情を表出した歌の世界を切り開いた生涯。（通巻309）

4 室町幕府分裂と畿内近国の胎動
天野忠幸著

＊十六世紀前半／中央

十六世紀前半、明応の政変などを経て室町幕府は分裂。分権化が進み、新たな社会秩序の形成へと向かう。三好政権の成立、山城の発展、京都や大阪湾を取り巻く流通などを描き、畿内近国における争乱の歴史的意味を考える。

5 東日本の動乱と戦国大名の発展
丸島和洋著

＊十六世紀前半／東日本

十六世紀前半、東日本では古河公方の内紛と連動した戦乱から、戦国大名の衝突へ変化する。伊達・上杉・北条・武田・今川・織田―大名間「外交」と国衆の動静を軸に、各地の情勢を詳述。戦国大名確立の背景に迫る。

6 毛利領国の拡大と尼子・大友氏
池　享著

＊十六世紀後半／西日本

十六世紀後半、西日本では大内氏を倒し台頭した毛利氏をはじめ、尼子や大友、島津などの地域勢力が熾烈な領土争いを繰り広げた。海外交易の実態、流通・経済の発展など社会状況も概観し、西国大名の覇権争いを描く。

7 東日本の統合と織豊政権
竹井英文著

＊十六世紀後半／東日本

十六世紀後半、関東では武田・上杉・北条らの領土紛争が激化、奥羽では伊達の勢力が急拡大する。戦乱の中で進化する築城技術や経済活動、領国支配の構造などを描き、織豊政権の介入で統合へ向かう東日本の姿を追う。

8 織田政権の登場と戦国社会
平井上総著

＊十六世紀後半／全国

十六世紀後半、織田信長は室町幕府に代わる政権を打ち立て、全国を統合へ向かわせた。将軍義昭の追放、朝廷への対応、大名との衝突と和睦などの政局に加え、都市や流通、宗教など社会の諸相から織田政権の実像に迫る。

9 天下人の誕生と戦国の終焉
光成準治著

＊十七世紀初頭／全国

十七世紀初頭、豊臣氏を滅亡させた徳川氏が権力の頂点に立つ。秀吉の天下一統から大坂の陣、徳川政権確立までの政局をたどり、兵農分離の実像や芸能・美術など、社会と文化にもふれながら「天下人」の時代を見渡す。

われわれは宗教をどう理解し、いかに向き合うか？
新しい人文学のあり方を構想する画期的シリーズ！

日本宗教史 全6巻 完結

〈企画編集委員〉伊藤　聡・上島　享・佐藤文子・吉田一彦

A5判・平均三二〇頁／各四一八〇円　『内容案内』送呈

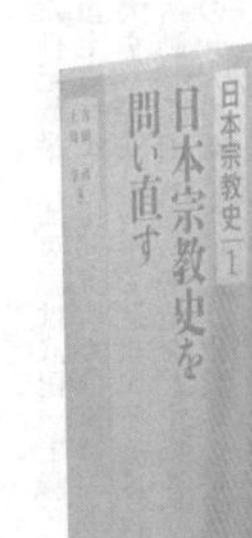

1 日本宗教史を問い直す 〈2刷〉

吉田一彦・上島　享編

古代から近代までの日本宗教史を、神の祭祀や仏法伝来、宗教活動の展開と宗教統制、政治との関係などを柱に概観する。さらに文化交流史、彫刻史、建築史、文学、民俗学の分野から日本の豊かな宗教史像をとらえ直す。　三四四頁

2 世界のなかの日本宗教 （最終回配本）

上島　享・吉田一彦編

日本の宗教史は世界においてどのような特色を持つのか。キリスト教やイスラーム教、儒教を信仰する地域と比較。妻帯、葬送、信仰、時空意識などを考察して、アジア史、そして世界史のなかに日本宗教史を位置づける。　三五八頁

3 宗教の融合と分離・衝突 〈2刷〉

伊藤　聡・吉田一彦編

仏教・神道・キリスト教をはじめ多様な宗教が併存する日本社会。他の信仰に対する寛容さを持つ一方、排他的な志向や事件も繰り返されている。古代から現代まで、さまざまな宗教・思想・信仰の融合と葛藤の軌跡を辿る。　三〇八頁

4 宗教の受容と交流

佐藤文子・上島　享編

古来、中国やインド、西洋からの影響を波状的に受けて育まれてきた日本の宗教文化。仏教・儒教・道教・キリスト教や様々な民間信仰をとりあげ、伝播の衝撃や受容の実態などを明らかにし、その歴史的意義を考える。　三三八頁

5 日本宗教の信仰世界

伊藤　聡・佐藤文子編

自然災害や疫病、大切な人の死に面したとき、人々は日ごろ忘れている宗教的な体験の記憶を呼び覚まして向かい合おうとする。人が生まれてから死を迎えるまで、社会の営みの基底にいきづく多様な〈信仰〉のかたちを描く。　二七二頁

6 日本宗教史研究の軌跡

佐藤文子・吉田一彦編

日本宗教史の諸学説はいつ、どのようにして成立したのであろうか。明治・大正以来の研究の歩みを振り返り、今後の学問の方向を探る。近代国家の展開に共振する学問史を洞察し、新たな日本宗教史研究の地平をめざす。　二九四頁

【本シリーズの特色】

◉宗教史の視座から、現代日本の信仰、文化、社会などのあり方を再考する。

◉古代から現代に至る日本宗教の歴史を通史的に把握しつつ、各巻にその特徴を浮き彫りにするテーマを設定。

◉日本史・外国史・宗教学・文学・美術史・建築史・民俗学等の諸分野の成果を反映しつつ、垣根を越えて総合的に考察し、新たな人文学の方向性を模索する。

◉日本の宗教は世界史のなかにどのように位置づけられるのか。諸外国との交流により形成された宗教文化の実相を明確化し、国際社会と日本の関わりを描く。

◉仏教・神道・キリスト教・儒教・陰陽道など、個別の宗教や宗派研究の枠を出て、それぞれが融合・衝突・併存しつつ日本社会に定着した姿を考察する。

◉日本の思想・学問・芸術そして生活へと影響を与えた宗教文化の内実を論じ、人びとの信仰のかたちと死生観を明らかにする。

◉日本の宗教を私たちがどう自己認識してきたかを検証し、宗教の概念を問い直す。

歴史文化ライブラリー

全冊書下ろし

●21年2月〜4月発売の6冊

四六判・平均二三〇頁

人類誕生から現代まで／忘れられた歴史の発掘／常識への挑戦／学問の成果を誰にもわかりやすく／ハンディな造本と読みやすい活字／個性あふれる装幀

518 東大寺の考古学 よみがえる天平の大伽藍

鶴見泰寿著

聖武天皇が造営した国家的大寺院・東大寺の創建当初の面影は、今日までどれほど残り、当時はどのような伽藍だったのか。文献・絵画資料の検証と最新の発掘調査の成果を手がかりに、奈良時代の東大寺の実像に迫る。

二四〇頁／一八七〇円

519 家老の忠義 大名細川家存続の秘訣

林 千寿著

戦国の荒波を乗り越え、肥後熊本藩主となった細川家。主君への忠義が絶対ではなかった時代、筆頭家老松井康之と息子興長は細川家存続にいかなる影響を与えたのか。主家と藩政の維持・発展に尽くした家老の姿を描く。

二二四頁／一八七〇円

520 平安貴族の住まい 寝殿造から読み直す日本住宅史

藤田勝也著

平安貴族の住宅としてよく知られる寝殿造。だが、建物は現存せず実像は謎につつまれている。遺構や絵巻、史料から、左右対称と言われてきたこれまでの通説を徹底検証。寝殿造の本質に迫り、日本住宅史に一石を投じる。

二四〇頁／一八七〇円

521
摂関家の中世
藤原道長から豊臣秀吉まで

樋口健太郎著

天皇を支えた摂政・関白。それはいかなる地位でどのような政務に携わったのか。平安後期から秀吉の関白就任まで、摂関職の継承と権力の変転を描く。幾度の危機を乗り越え、その都度新たな価値を創出した摂関家の歴史。

二八八頁／一九八〇円

522
アクセサリーの考古学
倭と古代朝鮮の交渉史

高田貫太著

古墳時代、日本列島では冠・耳飾りなど貴金属のアクセサリーが流行した。朝鮮半島から贈られた品々には、いかなる意図が込められていたのか。発掘されたアクセサリーを紹介しつつ、身に着けた人びとの群像を活写する。

二八八頁／一九八〇円

523
山寺立石寺
霊場の歴史と信仰

山口博之著

慈覚大師円仁の開創と伝わる山寺立石寺（やまでらりっしゃくじ）。その全貌を、絵図や古文書、石造物などのモノ資料から分析。比叡山延暦寺や最上氏との関係にもふれ、信仰の形と背景を解明。霊場を切り口に、地域の中世史の再構築を試みる。

三〇四頁／一九八〇円

【好評既刊】

514 **顔の考古学** 異形の精神史〈2刷〉
設楽博己著 二五六頁／一九八〇円

516 **江戸時代の瀬戸内海交通**
倉地克直著 二七二頁／一九八〇円

515 **伊達一族の中世** 「独眼龍」以前〈2刷〉
伊藤喜良著 二五六頁／一九八〇円

517 **神々と人間のエジプト神話** 魔法・冒険・復讐の物語
大城道則著 二三八頁／一八七〇円

日本神道史（増補新版）

岡田莊司
小林宣彦 編

古来、神は日本人の精神的より所として存在し、国家成立に大きな位置を占めていた。初版刊行から一〇年、沖ノ島や律令国家祭祀に新知見を加えるなど、記述を見直しよりわかりやすく編集。今も息づく神道の世界へ誘う。四六判・四二〇頁・原色口絵四頁／三八五〇円

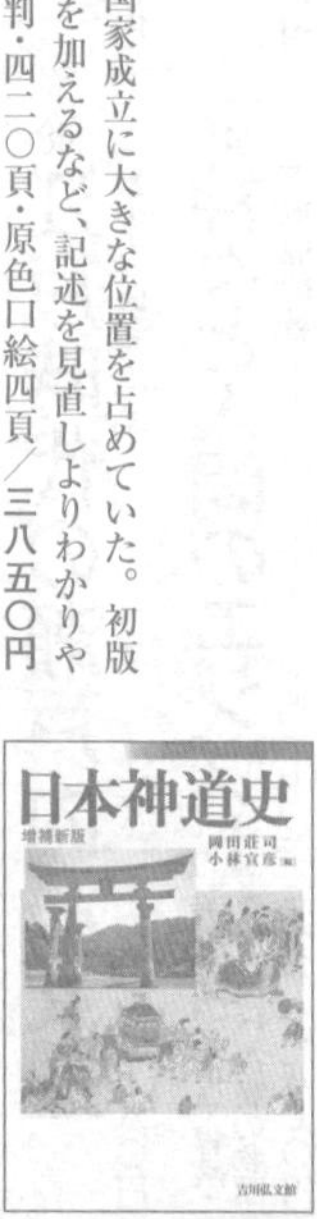

地図で考える中世　交通と社会

榎原雅治著

地形図・絵図・航空写真などから、一三～一六世紀の陸上交通のあり方を分析。宿町の構造と機能、交通整備に関わる幕府や宗教者の役割を考察して中世日本社会を読み解き、東海道沿道地域の開発と災害の歴史をも見通す。A５判・四〇〇頁／五二八〇円

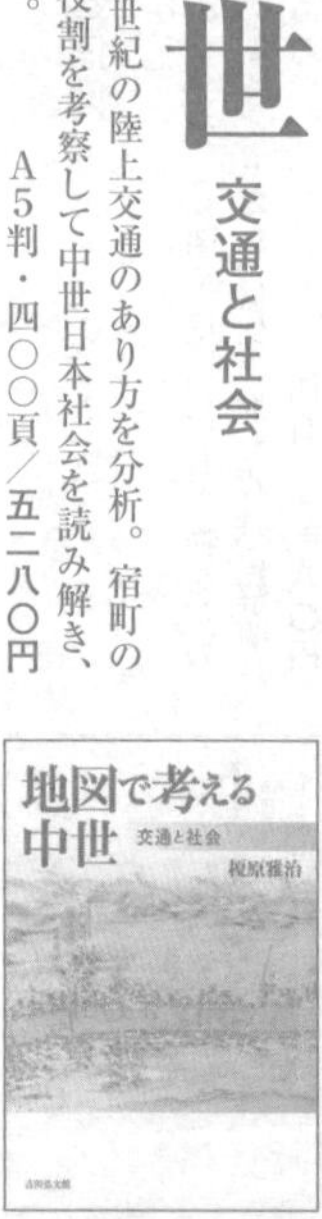

読みなおす日本史

毎月１冊ずつ刊行中　四六判

食の文化史

大塚　滋著

二〇〇頁／二四二〇円（解説＝江原絢子）

人類はさまざまな食物を発見・開拓し、豊かな食生活を創造してきた。パンや肉、乳製品の西洋に対し、肉食が禁じられた日本では魚や菜食、うまみと醤油が主流となった。エピソードを交え、食から東西の文化を読み解く。

夢語り・夢解きの中世

酒井紀美著

一九二頁／二四二〇円（補論＝酒井紀美）

中世において、夢は現実であり未来だった。人びとは夢の告げを信頼して行動の指針、生きる目標とした。夢を見ることに努め、夢を語りあった。日記や物語などに登場する夢の話を読み解き、中世の心象風景を描き出す。

後醍醐天皇と建武政権

伊藤喜良著

一九二頁／二四二〇円（補論＝伊藤喜良）

不徳の天皇・聖王・異形の王権―。後醍醐天皇ほど歴史的評価の揺れ動いた人物はいない。その実体はどうであったのか。行動と政策を検討し、目指した公武政権が三年で潰えた原因を、東アジア世界も視野に入れて考える。

摂関政治最盛期の「賢人右府」
藤原実資が綴った日記を待望の現代語訳化！

『内容案内』送呈

現代語訳 小右記 全16巻

四六判・平均二八〇頁／半年に1冊ずつ配本中

倉本一宏編

⑫法成寺の興隆

【第12回】三三〇〇円

治安三年（一〇二三）正月～治安三年十二月

道長の造営する法成寺が完成に向かう一方で、顚倒した際に頬に腫物を生じさせてしまった実資は、その治療に奔走する。さまざまなルートからいろいろな治療法を聞き出し、加持や夢想によってその効果を探ろうとする。 三一〇頁

好評既刊

①三代の蔵人頭
②道長政権の成立
③長徳の変
④敦成親王誕生
⑤紫式部との交流
⑥三条天皇の信任
⑦後一条天皇即位
⑧摂政頼通
⑨「この世をば」
⑩大臣闕員騒動
⑪右大臣就任

①～⑤⑨＝各三〇八〇円
⑥～⑧⑩⑪＝各三三〇〇円

鑑真と唐招提寺の研究

眞田尊光著

A5判・二八四頁／一二一〇〇円

日本に戒律を伝えるため、幾多の困難をのり越え唐より渡来した鑑真と弟子たち。彼らが造立した唐招提寺伝存の諸像の意義や目的、弟子たちの活動の様相など、鑑真一行がもたらした授戒と美術の様相に迫る。

中世の禅宗と日元交流

康　昊著

A5判・二三四頁／八八〇〇円

十四世紀、国家の新しい体制仏教として位置づけられた禅宗の発展過程を、虎関師錬ら禅僧の活動から追究。五山禅林の思想・教学、仏事法会を通しての公武権力や中国宋元仏教との関わりを、対外関係史からも解明する。

近世村落の領域と身分

関口博巨著

A5判・三九六頁／一二一〇〇円

近世における社会空間や身分はどのように仕切られ、生活の現場でいかに機能し、受け止められていたのだろうか。全国各地の村々や百姓・従属民らを事例に追究。身分社会の越境者にも光を当て、仕切りの透過性を考える。

近世日本の災害と宗教 呪術・終末・慰霊・象徴

朴　炳道著

A5判・三四四頁／一三二〇〇円

近世の人々は、地震・飢饉・大火や疫病などの災害にどのように対処してきたのか。呪術・終末・慰霊・象徴をキーワードに、災害における人々の認識と実践を追究。宗教学の視点から「災害文化」として体系的に捉え直す。

古墳時代東国の地域経営

若狭 徹著

後進的とされた東国古墳社会像を、近年の発掘成果や古代石碑の検討から覆し、畿内に連動する社会経営が実践されていた事実を提示。倭王権の一翼を担い、独自の文化構造を成立させた東国豪族の地域経営の実態に迫る。Ａ５判・三六〇頁／四一八〇円

古墳時代
東国の地域経営
若狭 徹著

永青文庫叢書 細川家文書 地域行政編

熊本大学永青文庫研究センター編

Ａ５判・四五六頁・原色口絵八頁・原色別刷図版八頁　二七五〇〇円

熊本藩では領国統治のため、重層的な行政組織が設けられた。郡代、惣庄屋、会所役人、村庄屋など、行政関係者それぞれの職掌を明らかにする。徴税、土地管理、窮民救済などの社会の公共的な機能を担った様子を描く。

京坂キリシタン一件と大塩平八郎 史料と考察

宮崎ふみ子編

Ａ５判・三七六頁・口絵八頁／一三二〇〇円

文政十年（一八二七）大坂東町奉行所が摘発した事件は、大塩平八郎らの捜査で「キリシタン集団」の発覚に発展した。被疑者や関係者の供述、判決など多数の史料を翻刻。事件全容の解説と論考、年表・地図等を収載する。

皇室制度史料 儀制 大嘗祭一

宮内庁書陵部編纂（財団法人菊葉文化協会・発行／吉川弘文館・発売）

皇室に関する諸般の制度の歴史的沿革を解明することを企図し、関連する基本的史料を編目別に編修。Ａ５判・三七〇頁／一二六五〇円

考証の世紀 十九世紀日本の国学考証派

大沼宜規著

Ａ５判・三四〇頁／一一〇〇〇円

十九世紀、文献等に基づき歴史的事実の解明に尽くした国学考証派。その登場と学問領域を築き深化させた過程を、考証の方法や実践、集団関係に着目して追究。近代の実証的学問への継承まで論じ、歴史的意義を解明する。

幕末の学問・思想と政治運動 気吹舎の学事と周旋

天野真志著

Ａ５判・二六〇頁／九九〇〇円

幕末、国政に関する勢力間の仲介を目的に志士らが展開した国事周旋。私塾気吹舎（いぶきのや）での学問と政治関与の考察から、活動基盤としての学問・思想、情報・交流を検討。平田国学の政治的意義と議論空間の様相を解き明かす。

世界の中の近代日本と東アジア 対外政策と認識の形成

大日方純夫著

Ａ５判・三五六頁／一一〇〇〇円

近代日本は大陸国家への道をいかに目指したのか。日清・日露戦争を経て台湾・朝鮮を植民地化していく過程を、対外政策と認識を中心に解明。エジプトなどの動向も視野におさめて、日本の近代化を世界史的に位置づける。

鎌倉遺文研究 第47号
鎌倉遺文研究会編集
Ａ５判・一一八頁／二二〇〇円

11出版社共同復刊
書物復権 2021
読者の皆さまからのリクエストをもとに復刊。好評発売中

日本古代女官の研究
伊集院葉子著
令制以前から平安期の女官の実態を追究し、政治的役割に迫る。
Ａ５判・三四二頁／九九〇〇円

平等院鳳凰堂 現世と浄土のあいだ
冨島義幸著
個別に論じられてきた建築・仏像・絵画・庭園などを総合的に捉え直す。
Ａ５判・二二二頁／三三〇〇円

明治の青年とナショナリズム 政教社・日本新聞社の群像
中野目 徹著
国家や民族のために何をなすべきかを模索した彼らの声に耳を傾ける。
Ａ５判・三五二頁／一〇四五〇円

近代家族と子育て
沢山美果子著
近代の家族規範のもとで、女・男・子どもはいかに生きてきたのか。
Ａ５判・二八八頁／四九五〇円

戦国史研究 第81号
戦国史研究会編集
Ａ５判・五二頁／七五〇円

日本史「今日は何の日」事典
367日+360日・西暦換算併記
吉川弘文館編集部編
正確な日付で「その日」の出来事が分かる日めくり事典。出典の明らかな記事を日付ごとに掲載。暦に関するコラムや付録も充実したユニークな歴史カレンダー。〈3刷〉Ａ５判・四〇八頁／三八五〇円

図説 元興寺の歴史と文化財 一三〇〇年の法灯と信仰
元興寺・元興寺文化財研究所編
Ｂ５判・二〇八頁／二八六〇円

日本仏教はじまりの寺 元興寺 一三〇〇年の歴史を語る
元興寺・元興寺文化財研究所編
Ａ５判・二四六頁／二四二〇円

検証 奈良の古代仏教遺跡 飛鳥・白鳳寺院の造営と氏族
小笠原好彦著
Ａ５判・二一六頁／二四二〇円

災害と生きる中世 旱魃・洪水・大風・害虫
水野章二著
四六判・二四〇頁／二七五〇円

みちのく歴史講座 古文書が語る東北の江戸時代
荒武賢一朗・野本禎司・藤方博之編
Ａ５判・二六四頁／二四二〇円

強い内閣と近代日本 国策決定の主導権確保へ
関口哲矢著
四六判・二六四頁／二七五〇円

国史大辞典 全15巻（17冊）
国史大辞典編集委員会編　四六倍判・平均一一五〇頁
本文編（第1巻～第14巻）＝各一九八〇〇円
索引編（第15巻上中下）＝各一六五〇〇円
全17冊揃価　三二六七〇〇円

明治時代史大辞典 全4巻
宮地正人・佐藤能丸・櫻井良樹編　四六倍判・平均一〇一〇頁
第1巻～第3巻＝各三〇八〇〇円
第4巻（補遺・付録・索引）＝二二〇〇〇円
全4巻揃価　一一四四〇〇円

アジア・太平洋戦争辞典
吉田　裕・森　武麿・伊香俊哉・高岡裕之編　四六倍判　八五八頁　二九七〇〇円

日本歴史災害事典
北原糸子・松浦律子・木村玲欧編　菊判・八九二頁　一六五〇〇円

歴史考古学大辞典
小野正敏・佐藤　信・舘野和己・田辺征夫編　四六倍判　一三九二頁　三五二〇〇円

事典日本の年号
小倉慈司著　四六判・四五四頁／二八六〇円

令和新修 歴代天皇・年号事典
米田雄介編　四六判・四六四頁／二〇九〇円

源平合戦事典
福田豊彦・関　幸彦編　菊判・三六二頁／七七〇〇円

戦国人名辞典
戦国人名辞典編集委員会編　菊判・一一八四頁／一九八〇〇円

織田信長家臣人名辞典 第2版
谷口克広著　菊判・五六六頁／八二五〇円

日本古代中世人名辞典
平野邦雄・瀬野精一郎編　四六倍判・一二二二頁／二二〇〇〇円

日本近世人名辞典
竹内　誠・深井雅海編　四六倍判・一三二八頁／二二〇〇〇円

日本近現代人名辞典
臼井勝美・高村直助・鳥海　靖・由井正臣編　四六倍判　一三九二頁　二二〇〇〇円

吉川弘文館編集部編

奈良古社寺辞典
四六判・三六〇頁・原色口絵八頁／三〇八〇円

京都古社寺辞典
四六判・四五六頁・原色口絵八頁／三三〇〇円

鎌倉古社寺辞典
四六判・二九六頁・原色口絵八頁／二九七〇円

飛鳥史跡事典
木下正史編
四六判・三三六頁／二九七〇円

世界の文字の図典【普及版】
世界の文字研究会編
菊判・六四〇頁／五二八〇円

花押・印章図典
瀬野精一郎監修・吉川弘文館編集部編
B5横判・二七〇頁／三六三〇円

年表部分が読みやすくなりました

日本史年表・地図
児玉幸多編
B5判・一三八頁／一四三〇円

日本史総合年表 第三版
加藤友康・瀬野精一郎・鳥海 靖・丸山雍成編
四六倍判・一二九二頁／一九八〇〇円

日本の食文化史年表
江原絢子・東四柳祥子編
菊判・四一八頁／五五〇〇円

日本メディア史年表
土屋礼子編
菊判・三六六頁・原色口絵四頁／七一五〇円

日本軍事史年表 昭和・平成
吉川弘文館編集部編
菊判・五一八頁／六六〇〇円

誰でも読める【ふりがな付き】日本史年表 全5冊
吉川弘文館編集部編
古代編 六二七〇円 近世編 五〇六〇円 現代編 四六二〇円
中世編 五二八〇円 近代編 四六二〇円
菊判・平均五二〇頁
全5冊揃価 二五八五〇円

世界史年表・地図
亀井高孝・三上次男・林 健太郎・堀米庸三編
B5判・二〇八頁／一五四〇円

●近刊

古代の食を再現する みえてきた食事と生活習慣病
三舟隆之・馬場 基編
A5判／三五二〇円

角田文衞の古代学 ③ヨーロッパ古代史の再構成
公益財団法人古代学協会編
A5判／五五〇〇円

神社の起源と歴史
新谷尚紀著
四六判／二二〇〇円

中世は核家族だったのか 民衆の暮らしと生き方（歴史文化ライブラリー524）
西谷正浩著
四六判／一八七〇円

〈武家の王〉足利氏 戦国大名と足利的秩序（歴史文化ライブラリー525）
谷口雄太著
四六判／一八七〇円

南北朝の宮廷誌 二条良基の仮名日記（読みなおす日本史）
国文学研究資料館編／小川剛生著
四六判／二四二〇円

室町・戦国時代の法の世界
日本史史料研究会監修・松園潤一朗編
四六判／二四二〇円

境界争いと戦国諜報戦（読みなおす日本史）
盛本昌広著
四六判／二四二〇円

徳川忠長 兄家光の苦悩、将軍家の悲劇（歴史文化ライブラリー527）
小池 進著
四六判／一八七〇円

今に息づく江戸時代 首都・官僚・教育
大石 学著
A5判／二四二〇円

女と男の大奥 大奥法度を読み解く（歴史文化ライブラリー528）
福田千鶴著
四六判／一八七〇円

近世後期の世界認識と鎖国
岩﨑奈緒子著
A5判／一〇四五〇円

沖縄戦の子どもたち（歴史文化ライブラリー526）
川満 彰著
四六判／一八七〇円

猫が歩いた近現代 化け猫が家族になるまで
真辺将之著
A5判／二〇九〇円

予約募集

京都の中世史 全7巻
7月刊行開始！
四六判／予価三〇八〇円
【企画編集委員】元木泰雄（代表）・美川 圭・野口 実・山田 徹・早島大祐・尾下成敏・山田邦和
第1回配本 ④南北朝内乱と京都……山田 徹著

学校教育に戦争孤児たちの歴史を！
戦争の本質を学び平和学習・人権教育にいかす

戦争孤児たちの戦後史 全3巻

浅井春夫・川満 彰・平井美津子
本庄 豊・水野喜代志 編

各二四二〇円 A5判・平均二五四頁／『内容案内』送呈

1 総論編

浅井春夫・川満 彰編

孤児になる経緯・ジェンダーなどの視角を重視し、現代的観点から孤児問題を考える姿勢を提示する。年表も掲載。〈2刷〉

2 西日本編

平井美津子・本庄 豊編

孤児救済に尽力した施設や原爆孤児のための精神養子運動などの取り組み、大阪大空襲や引揚、沖縄戦における実態を詳述する。

3 東日本・満洲編

浅井春夫・水野喜代志編

養育院・上野地下道・残留孤児をキーワードに、児童福祉施設の運営、東京大空襲の被害や引揚の実相などを詳述。今後の課題を展望。

ユネスコの世界文化遺産に登録された
平泉の魅力に迫る！

平泉の文化史 全3巻

菅野成寛監修

各二八六〇円

B5判・本文平均一八八頁
原色口絵八頁／『内容案内』送呈

1 平泉を掘る 寺院庭園・柳之御所・平泉遺跡群

及川 司編 柳之御所遺跡、毛越寺と無量光院跡、国見山廃寺跡…。発掘調査成果から、中世平泉の社会を明らかにする。

2 平泉の仏教史 歴史・仏教・建築

菅野成寛編 金銀字一切経などに着目し、平泉前史の国見山廃寺の性格から鎌倉期の中尊寺史まで、仏教文化の実像に迫る。

3 中尊寺の仏教美術 彫刻・絵画・工芸

浅井和春・長岡龍作編 同時代の京都の動向や造像の比較とともに、科学調査の成果から検討。平泉の仏教世界に迫る。

紀年銘(西暦)		鏡式	径cm	古墳名(出土地)	築造年代(推定)	墳形
青龍三年(235)	魏	方格規矩四神鏡	17.4	安満宮山古墳(大阪)	3世紀中葉	長方形墳
青龍三年(235)	魏	方格規矩四神鏡	17.4	大田南5号墳(京都)	4世紀初	長方形墳
青龍三年(235)	魏	方格規矩四神鏡	17.4	不明		
赤烏元年(238)	呉	平縁対置式神獣鏡	12.5	鳥居原狐塚古墳(山梨)	5世紀末頃	円墳
景初三年(239)	魏	画文帯同向式神獣鏡	23.1	和泉黄金塚古墳(大阪)	4世紀後半	前方後円墳
景初三年(239)	魏	三角縁同向式神獣鏡	23.0	神原神社古墳(島根)	4世紀中頃	方墳
景初四年(240)	魏	斜縁(三角縁)盤龍鏡	16.8	広峯15号墳(京都)	4世紀	前方後円墳
景初四年(240)	魏	斜縁(三角縁)盤龍鏡	16.8	伝・持田古墳(宮崎)		
正始元年(240)	魏	三角縁同向式神獣鏡	22.6	柴崎蟹沢古墳(群馬)	4世紀後半	円墳
正始元年(240)	魏	三角縁同向式神獣鏡	22.7	森尾古墳(兵庫)	4世紀	不明確
正始元年(240)	魏	三角縁同向式神獣鏡	22.6	御家老屋敷古墳(山口)	4世紀	前方後円墳
正始元年(240)	魏	三角縁同向式神獣鏡	(破片)	桜伊茶臼山古墳(奈良)	3世紀末	前方後円墳
赤烏七年(244)	呉	平縁対置式神獣鏡	16.8	安倉高塚古墳(兵庫)	4世紀後半	円墳
元康□年(291〜)	晋	平縁対置式神獣鏡	13.0	伝・上狛古墳(京都)		

日本で出土した紀年銘鏡

そうした流れを踏まえつつ、ここで、邪馬台国時代に関連すると思われる魏や呉の紀年を記した鏡について考えてみたい。

現在までに日本で出土している五百面以上の銅鏡のうち、邪馬台国時代と関係のある紀年銘鏡は破片もふくめると十種類十四面である。そのなかで、「青龍（せいりゅう）三年」の紀年銘鏡をまず取りあげたい。

一九九四年（平成六）、現在は京都府京丹後市の竹野郡弥栄（やさか）町と中郡峰山（みねやま）町の境界尾根上の大田南五号墳という四世紀の初めあたりの長方形墳から、鏡径一七・四センチメートルの方格規矩四神鏡が発見された。

鏡背には三十九文字の銘文があって、その文字のなかに「青龍三年」の紀年銘が確認された。青龍三年は卑弥呼の二三九年の遣使に先立つ四年前のことである。おそらく倭が遼東半島で勢力をのばしていた公孫氏との接触によって、こうした鏡をも入手していたのではないかと推測される。後漢鏡の主たる文様であった方格規矩文様が魏の時代にも採用されていたことを示していると思われた。

そして、一九九七年（平成九）に、弥生後期終末か古墳出現期に該当すると思われる大阪府高槻市の安満宮山（あまみややま）古墳からも「青龍三年」銘の方格規矩四神鏡が発見された。摂津東部の三島地域にある、安満遺跡を眼前に控えた一二〇メートルくらいの丘陵上の突端部をかなり削って造られた墳墓である（『安満宮山古墳』、高槻市教育委員会、二〇〇〇年）。

この墳墓は墳形もはっきりしないが、ほぼ南北二一メートル、東西一八メートルの長方形のプランをもった三世紀中葉頃の築造と推測される不定形の墳丘だった。その墳丘から東西七・一メートル、南北三・六メートルの墓壙が発見された。墓壙のなかには、長さ五・五メートル、幅一・三メートル、深さ一・二メートルの木棺壙があり、壙底の割竹形（わりたけがた）木棺内と思われる遺体の頭部付近から、二組に分けて積み重ねられた五面の銅鏡が出土した。その一枚が魏の青龍三年銘の方格規矩四神鏡だったのである。

この青龍三年銘の方格規矩四神鏡は、L字や四神の位置が逆転しているため、主に後漢代に流行した方格規矩四神鏡を忠実に模倣したものともされる。

そして青龍三年銘が刻まれたもう一面の方格規矩四神鏡が見つかっている。これは出土地不明とされている。

この三面の青龍三年銘鏡は径が同寸法であるが、これが同時に作られたものか、踏み返しと呼ばれる手法で後に複製されたものか興味を惹く。現在では同時に作られた同型鏡とみなされているようだ。

もしそうだとすると、魏の青龍三年銘鏡は、安満宮山古墳においては、三角縁「吾作」環状乳四神四獣鏡と、三角縁「天・王・日・月・吉」獣文帯四神四獣鏡、吾作斜縁二神二獣鏡と陳是作半円方形帯同向式神獣鏡と一括して埋納されていたことになる。特に二面の三角縁神獣鏡は、さらに半三角縁の二神二獣鏡と半円方形帯同向式神獣鏡とともに副葬されていたので、卑弥呼の百面のなかには、同向式神獣鏡や方格規矩四神鏡がふくまれていた可能性が高いのではないかとも思われる。いずれにしても、二三五年という紀年銘鏡が三角縁神獣鏡と共伴した点は重視されるものである。

他の紀年銘鏡についても見てみよう。先にも少し紹介したが、景初三年銘の鏡は和泉黄金塚古墳から出土した。この古墳は二段築成と推定される全長約九四メートルの前方後円墳である。後円部は直径約六〇メートル、高さ約八メートル、前方部幅約四二メートル、高さ約六・五メートル、築造年代は古墳時代前期末（四世紀後半頃）とされる。この前方後円墳の後円部に、粘土で包まれた三つの槨があり、その真ん中の長さ約八・七メートルの中央粘土槨の木棺のなかから、半三角縁二神二獣鏡、勾玉、棗玉、管玉、石釧、車輪石などが出土、そして棺外から鉄刀、鉄剣類、鉄製農工具などと一緒に景初三年銘画文帯四神四獣鏡が出土した。

そして一九七二年（昭和四十七）出雲の神原（かんばら）神社古墳から二面目の景初三年銘鏡が発見された。ところがこの景初三年銘鏡は和泉黄金塚古墳が画文帯同向式神獣鏡であるのに対し、三角縁同向式神獣鏡だった。古墳の形状や築造年代も異なっていた。和泉黄金塚古墳が四世紀後半頃の前方後円墳であるのに対し、神原神社古墳は狭長の竪穴式石室をもつ四世紀中頃の方墳だった。

神原神社古墳は、青銅器が出土した加茂岩倉遺跡から南東に約一・八キロのところに位置している。当古墳の上に神原神社があり、発掘当初墳形は円墳と思われたが、現在は東西三〇メートル、南北三四メートルの方墳とされる。

石室は内法の長さが五・八メートルで、粘土床の上に長さ五・八メートルあまりの割竹形木棺が据えられていたようである。

副葬品は景初三年の三角縁神獣鏡一面、素環頭大刀・木装大刀・剣・槍などの鉄製武器や農工具、多量の古式土師器の壺と円筒形土器、玉類（ヒスイの勾玉・碧玉の管玉・滑石製臼玉など）もあったと報告されている（「神原神社古墳」加茂町教育委員会、二〇〇二年）。

しかしこの鏡がそのまま、魏の景初三年に魏で造られたと考えてよいものかどうか、邪馬台国に直接かかわる問題なだけに拙速な判断はするべきではないだろう。つぎの例を見てみよう。

景初四年紀年銘鏡の謎

さて、一九八六年（昭和六十一）に京都府福知山市広峯十五号墳から出土した一面の鏡は学界にまた大きな波紋を巻き起こした。

全長四〇メートルのさほど大きくない前方後円墳の木棺直葬の主体部から出土した、鏡径一六・八センチメートルの斜縁盤龍鏡に、「景初四年五月丙午」にはじまる三十五文字の銘文が認められたのである。

先にも述べたように、魏は景初二年に遼東半島を討伐し、公孫氏は滅んでいる。朝鮮半島を経て卑弥呼の遣いが朝貢したとすると、朝鮮半島が落ち着く景初三年が卑弥呼の遣使の年であるとする説がある。

しかし魏の明帝はその景初三年の元日に三十四歳で亡くなったとされている。つまり景初という年号は三年までしかなく、翌年は正始元年（二四〇）だった。景初四年という年号の鏡は存在するはずがない、というのである。

あるはずのない紀年の銘鏡をめぐって、議論が噴出した。

しかもこの景初四年銘斜縁盤龍鏡は別にもう一面が存在し、両鏡は同笵関係にある鏡であることがわかった。宮崎県持田古墳群出土と伝えられる、鋳上りの良好なこの斜縁盤龍鏡（現在は、兵庫県西宮市辰馬考古資料館蔵）が舶載であるか国産であるかを断定することはたいへん難しい。実際に存在しなかった年号を中国で鋳造することはありうるのかどうか。これを日本製であるとする見解が出てくるのも首肯できる。

この謎の年号鏡が出土した広峯十五号墳は、福知山駅の南に広がる丘陵にある約四十基の古墳のなかのひとつで、そのなかでもっとも高いところに造られた、近畿地方北部の由良川流域では最初の前方後円墳である。

福知山市の資料「広峯十五号墳」によると、一九八六年に調査がおこなわれ、後円部の約二分の一と前方部の側面が失われていることが確認された。これを復元すると全長四〇メートル、後円部径二五メートルになる。墳丘は、盛土を用いず地山の削り出しによって形成され、段築（だんちく）・埴輪（はにわ）・葺石（ふきいし）など外表施設はない。

後円部からは朱の施された割竹形木棺の痕跡が確認された。

埋葬施設は木棺直葬の土壙墓一基で、約二分の一が失われていた。墓壙は残存長一〇メートル、幅五メートル。木棺は、組み合わせ式の箱形で、残存長三・六メートル、幅〇・七メートルを測る長大なものとある。棺内は二分され、内面には朱が塗布されていた。

出土品は、主室頭部横にあった斜縁盤龍鏡のほかに、副室に碧玉管玉（残欠共）、鉄剣、鑓鉋（やりがんな）、鉄斧（てっぷ）などである。

問題の盤龍鏡は、銘帯に、「景初四年五月丙午之日陳是作鏡吏人詺之位至三公母人詺之母子宜孫寿如金石兮」の銘文が三十五文字鋳出されている。

また鏡には絹布がわずかに付着しており、絹布にくるまれて納められていたものと推定される、とある。この鏡が丹後から出土したことになにか意味があるのかどうか、鏡の製作地などともからんだ研究が重要になってくる。

桜井茶臼山古墳の「正始元年」銘鏡

さて中国の歴史上存在しない景初四年は、実は魏の第三代曹芳（そうほう）（一般的に斉王と呼ばれる）の正始元年である。その正始元年銘鏡が破片もふくめて四面が見つかっている。出土したそれぞれの古墳の築造時期は三世紀末から四世紀後半頃である。

古墳の築造時期と出土地、そして出土する鏡の関係、鏡の分有関係は列島の支配体制を知るうえでひとつの手がかりとなる。

二〇〇九年、奈良県立橿原考古学研究所は奈良県桜井市の桜井茶臼山古墳を再調査した。桜井茶臼山古墳（三世紀末）は、初期大和政権の大王墓の可能性があると考えられている全長二〇七メートル、後円部径約一一〇メートル、同高約二三メートル、前方部幅六一メートル、三段築成の前方後円墳である。この古墳は一九四九年（昭和二十四）と翌五〇年に末永雅雄氏によって調査がおこなわれた際にすでに盗掘されていたことが明らかになっていた。

全長二〇〇メートル以上の前方後円墳は全国に約四十基あるが、大半は陵墓（天皇・皇后・皇太后の墓）か陵墓参考地で宮内庁の管理下にあり、立ち入りが禁じられている。しかし、この古墳はその治定からは外れていた。

この後円部上面に東西九・八メートル、南北約一二・三メートルの方形壇状の遺構があり、地下に竪穴式石室がある。石室は南北が長くて六・七五メートル、東西一・一三メートル、高さ一・六メートル。この石室の埋土のなかから、国内最多の十三種、八十一面の銅鏡が見つかった。ただ、後に触れる黒塚とちがって、完全なかたちのものは一面もなく、石室内外の土をふるいにかけて見つけた鏡の破片三百三十一点である。それに前回調査時に確認された破片五十三点を加えると、銅鏡の破片は計三百八十四点。これを過去に他の古墳から出土した銅鏡の模様や彫り方をもとに分析し、詳細に調べた結果、計八十一面分とわかった。これまで鏡の最多出土例は、福岡県糸島市の平原(ひらばる)一号墓で四十面。茶臼山古墳は破片ではあったが、その倍以上もの面数があったのである。

橿原考古学研究所の発表によると、その内訳は、三角縁神獣鏡、内行花文鏡、仿製内行花文鏡、方格規矩四神鏡、斜縁二神二獣鏡、画文帯神獣鏡などで、三角縁神獣鏡は二十六面、中国産が十種以上四十一面、国産が二種十四面となっている(「桜井茶臼山古墳範囲確認発掘調査」記者発表・現地説明会資料、二〇〇三年など)。

興味深いのは、縦一・七センチメートル、横一・四センチメートルの小さな破片のひとつが、最新の三次元(3D)計測の結果、過去に群馬県高崎市の柴崎蟹沢古墳から出土した「正始元年」銘の三角縁神獣鏡に刻まれた「是」の文字と同じであり、同じ鋳型から作られた鏡の破片だということがわかったことである。魏の年号入り銅鏡が大和地方で見つかるのははじめてのことだったので、研究者たちはみな驚いた。

柴崎蟹沢古墳は、築造時期は四世紀後半とされている円墳である。埋葬施設からは四面の鏡、鉄斧（てっぷ）、土師器（はじき）が出土したが、古墳の実態についてはほとんどわかっていない。

一九一〇年（明治四十三）にこの柴崎蟹沢古墳から出土した銅鏡四面のなかに二面の三角縁神獣鏡があり、その一面に「□始元年陳是作鏡自有経述本自荊師杜地命出寿如金石保子□□」とあり、「正始元年」という年号銘が刻まれていると推測された。「石」は左右逆字と判読されている（『新編高崎市史資料編』1、高崎市、一九九九年）。

当時は考古学者もマスコミも、これこそが卑弥呼の鏡であるとして大騒ぎになった。ところがその後、一八八八年（明治二十一）に山口県周南市の竹島古墳（御家老屋敷古墳）から発見され個人蔵となっていた鏡と、兵庫県豊岡市の森尾古墳から一九一七年（大正六）に発見された正始元年銘鏡が、柴崎蟹沢古墳出土の正始元年銘鏡と同笵鏡であることがわかるのである。その魏の正始元年銘の四面めの同笵鏡の破片が桜井市の茶臼山古墳からも出土した。

呉の紀年銘鏡は二面出土

紀年銘鏡の一覧表（109ページ）のなかに呉の鏡がある。倭国と魏のあいだに国交があったことはすでに述べたが、呉の紀年銘鏡も二面出土しているのだ。魏と同時代の呉の鏡もあるということは何を意味するのか。邪馬台国と対立関係にあった卑弥弓呼率いる狗奴国が呉と国交していた可能性も考えられなくはない。

そのうちの一面は山梨県甲府盆地南部、標高三二〇メートル付近に立地する曽根丘陵（山梨県市川三郷町〈旧三珠町〉）鳥井原狐塚古墳から出土した呉の年号赤烏元年（二三八）銘の平縁対置式神獣鏡（半円方形帯神獣鏡）である（以下『三珠町誌』三珠町、一九八〇年）。

この呉鏡については、一八九三年（明治二十六）に地元の旧大塚村の村人が、畑を耕作中に発見したとされ、翌年の調査で石室が発見されたという経緯がある。その後一九二六年、一九七九年にも再発掘調査がおこなわれている。

これまでの調査から、現在の鳥井原狐塚古墳は墳丘の大半が消失しているが、推定墳丘径約一八メートル、高さ三メートルほどの方形で五世紀末頃に造営されたとみられている。内部主体は割石小口積竪穴式石室で朱が塗布されていた。

副葬品は赤烏元年銘平縁神獣鏡のほか、仿製内行花文鏡、滑石製臼玉、鉄刀、鉄剣、銅鈴、土師器片数点、須恵器破片、陶磁器破片などが出土している。鳥井原狐塚古墳の地は東海地方の弥生文化や畿内の古墳文化が流入した地域であるが、埴輪は確認されていないようである。五世紀末頃の築造と考えられる。銘文は「赤烏元年五月廿五日丙午造作明竟百練清銅服者君侯宣子孫寿萬年」と読まれている。鏡の面径は一二・五センチメートルとされる。

料金受取人払郵便

本郷局承認

4511

差出有効期間
2023年1月
31日まで

郵便はがき

1 1 3-8 7 9 0

東京都文京区本郷7丁目2番8号

吉川弘文館 行

愛読者カード

本書をお買い上げいただきまして、まことにありがとうございました。このハガキを、小社へのご意見またはご注文にご利用下さい。

お買上**書名**

＊本書に関するご感想、ご批判をお聞かせ下さい。

＊出版を希望するテーマ・執筆者名をお聞かせ下さい。

お買上
書店名　　区市町　　書店

◆新刊情報はホームページで　http://www.yoshikawa-k.co.jp/

◆ご注文、ご意見については　E-mail:sales@yoshikawa-k.co.jp

ふりがな ご氏名	年齢　　歳　男・女
〒□□□-□□□□ ご住所	電話
ご職業	所属学会等
ご購読 新聞名	ご購読 雑誌名

今後、吉川弘文館の「新刊案内」等をお送りいたします(年に数回を予定)。
ご承諾いただける方は右の□の中に✓をご記入ください。 □

注 文 書

月　日

書　名	定　価	部　数
	円	部
	円	部
	円	部
	円	部
	円	部

配本は、○印を付けた方法にして下さい。

イ. 下記書店へ配本して下さい。
(直接書店にお渡し下さい)

(書店・取次帖合印)

書店様へ＝書店帖合印を捺印下さい。

ロ. 直接送本して下さい。
代金(書籍代＋送料・代引手数料)は、お届けの際に現品と引換えにお支払下さい。送料・代引手数料は、1回のお届けごとに500円です(いずれも税込)。

＊お急ぎのご注文には電話、FAXをご利用ください。
電話 03−3813−9151(代)
FAX 03−3812−3544

（ご注意）

・この用紙は、機械で処理しますので、金額を記入する際は、枠内にはっきりと記入してください。また、本票を汚したり、折り曲げたりしないでください。

・この用紙は、ゆうちょ銀行又は郵便局の払込機能付きＡＴＭでもご利用いただけます。

・この払込書を、ゆうちょ銀行又は郵便局の渉外員にお預けになるときは、引換えに預り証を必ずお受け取りください。

・ご依頼人様からご提出いただきました払込書に記載されたおところ、おなまえ等は、加入者様に通知されます。

・この受領証は、払込みの証拠となるものですから大切に保管してください。

収入印紙
課税相当額以上
貼　　付

印

この用紙で「本郷」年間購読のお申し込みができます。

◆この申込票に必要事項をご記入の上、記載金額を添えて郵便局でお払込み下さい。

◆「本郷」のご送金は、４年分までとさせて頂きます。

※お客様のご都合で解約される場合は、ご返金いたしかねます。ご了承下さい。

この用紙で書籍のご注文ができます。

◆この申込票の通信欄にご注文の書籍をご記入の上、書籍代金（本体価格＋消費税）に荷造送料を加えた金額をお払込み下さい。

◆荷造送料は、ご注文１回の配送につき500円です。

◆キャンセルやご入金が重複した際のご返金は、送料・手数料を差し引かせて頂く場合があります。

◆入金確認まで約７日かかります。ご了承下さい。

振替払込料は弊社が負担いたしますから無料です。

※領収証は改めてお送りいたしませんので、予めご了承下さい。

お問い合わせ　〒113-0033・東京都文京区本郷７－２－８
吉川弘文館　営業部
電話03-3813-9151　FAX03-3812-3544

この場所には、何も記載しないでください。

02 東京

払込取扱票

通常払込料金加入者負担

口座記号番号	00100-5-244
加入者名	株式会社 吉川弘文館
金額	※ 千 百 十 万 千 百 十 円
料金	
備考	

各票の※印欄は、ご依頼人において記載してください。

ご依頼人・通信欄	
フリガナ ※お名前	
郵便番号	電話
※ご住所	
※	

〈この用紙で書籍代金ご入金のお客様へ〉
代金引換便、ネット通販ご購入後のご入金の重複が増えておりますので、ご注意ください。

◆「本郷」購読を希望します

購読開始 [　　] 号 より

1年 1000円（6冊）　3年 2800円（18冊）
2年 2000円（12冊）　4年 3600円（24冊）
（ご希望の購読期間に○印をお付け下さい）

日附印

裏面の注意事項をお読みください。（ゆうちょ銀行）（承認番号東第53889号）

これより下部には何も記入しないでください。

切り取らないでお出しください。

記載事項を訂正した場合は、その箇所に訂正印を押してください。

振替払込請求書兼受領証

口座記号番号	00100-5-244（通常払込料金加入者負担）
加入者名	株式会社 吉川弘文館
金額	※ 千 百 十 万 千 百 十 円
ご依頼人	おなまえ ※　　様
料金	日附印
備考	

この受領証は、大切に保管してください。

「赤烏元年」は呉の年号で、まさに魏の景初二年に該当する。その五月といえば、公孫氏の滅亡直前ということになる。朝鮮半島から遼東半島地域を支配していた公孫氏は魏と敵対する一方で、呉と外交関係にあったとされているが、赤烏元年（＝景初二）八月に魏によって滅ぼされている。

すでに紹介したように、「魏志倭人伝」には、女王卑弥呼が魏に朝貢して親魏倭王の称号を与えられたのが景初三年（二三九）と記されているので、その前年ということになるわけだ。

そして呉鏡二面のうちのもう一面は、兵庫県宝塚市安倉南一丁目の安倉高塚古墳から出土した赤烏七年（二四四）銘の神獣鏡である。一九三七年（昭和十二）の道路工事で墳丘の南半分が削られているが、もとは径十数メートルの円墳で、四世紀後半の築造。主体部は全長六・三メートルほどの竪穴式石室で、内に割竹形木棺が納められ、赤烏七年銘の神獣鏡一面、内行花文鏡一面、碧玉製管玉、ガラス製小玉、鉄製ヤリガンナ、鉄製鍬先、鉄刀、鉄鉾などが出土した。

赤烏七年銘神獣鏡の鈕の孔（ひも通し孔）は長方形である。

方格に一字ずつの銘があるが、読むことができたのは「中」「大」の二字だけとされている。外区は内側から鋸歯文帯・櫛歯文帯がめぐり、一番外側に銘文「赤烏七年五月廿五日丙午時加日中　造作明竟百□幽□服者富貴長楽未央　子孫富昌□□□陽□□□」が右回りに刻まれている（梅原末治「小浜村赤烏七年鏡出土の古墳」〈『兵庫県史蹟名勝天然記念物調査報告書』十四、一九三九〉、武藤誠・橋本久「安倉高塚古墳」〈『宝塚市史～資料編Ⅰ』四、一九七七〉。歴博報五十六、一九九四年より）。

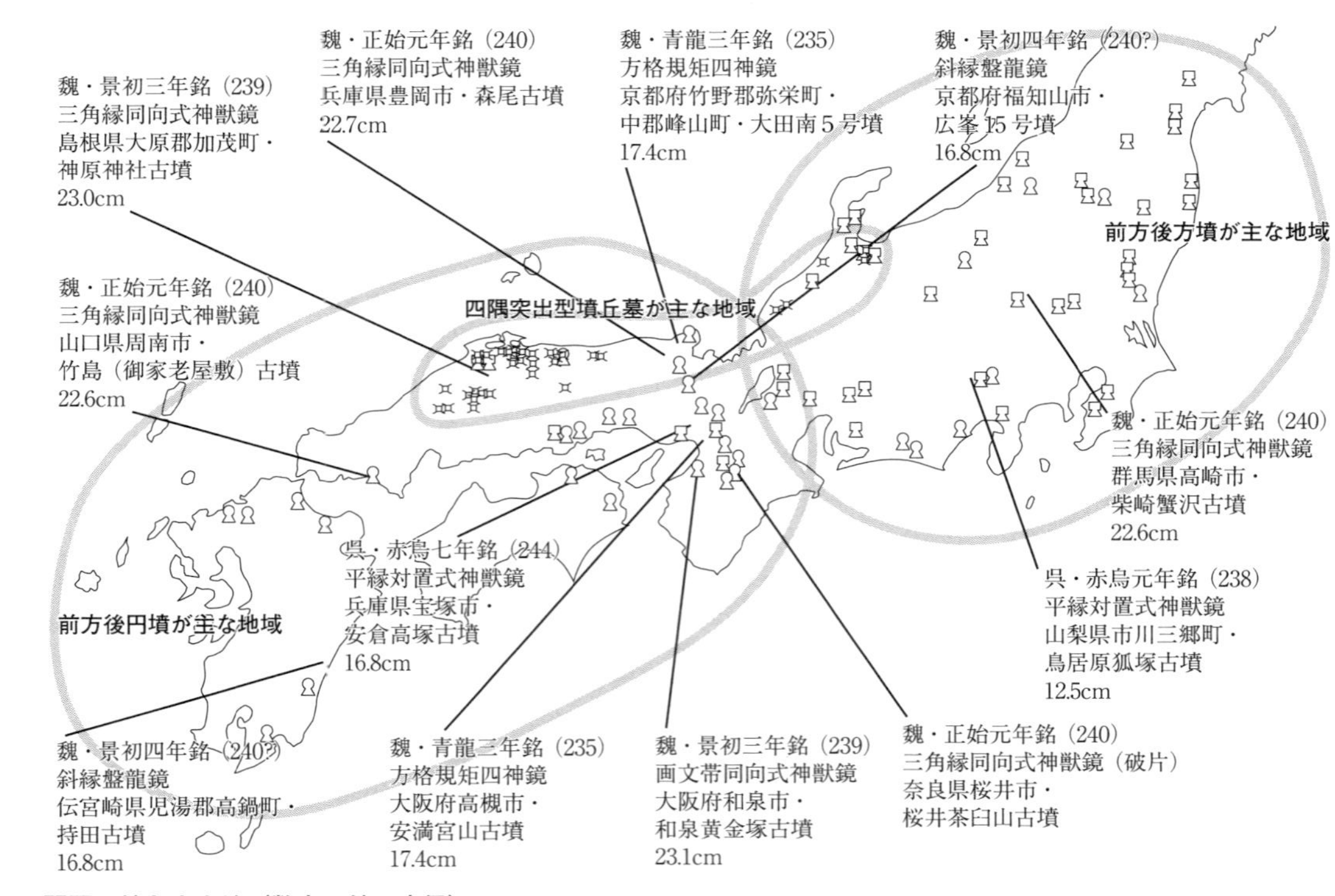

問題の鏡と出土地（数字は鏡の直径）

鈕の孔が長方形であるというのは少し気になるところである。福永伸哉氏は、三角縁神獣鏡の鈕孔のかたちは長方形で、他の鏡の鈕孔は円形や半円形である、といわれるが、この呉鏡をどう考えればよいのか興味のあるところである。どのようないきさつで山梨県と兵庫県の二〇メートルに満たない円墳に副葬されたのかわからないが、二面しか出土していないので、これ以上踏みこめない。

国産か魏鏡か

魏の皇帝が卑弥呼の遣使に「銅鏡百枚」を渡したのが事実であれば、その鏡はどのような種類であったのか。三世紀前葉頃の魏鏡から種類を同定することは困難であるが、魏・晋代に流行していた鏡式といえば、蝙蝠鈕座内行花文鏡・位至三公鏡・双頭龍鳳文鏡・方格規矩鏡・獣首鏡・夔鳳鏡・盤龍鏡などである。

京都大学人文科学研究所の岡村秀典氏は三角縁神獣鏡を三世紀の鏡としていて、魏の時代のこのような流行のなかで神獣鏡と画像鏡の文様を一体化させた三角縁神獣鏡の主文様が生まれたといっている。

岡村氏は漢と三国時代の鏡をつぎのように分類され、その分類をもとに分布図をつくられた。

1　漢鏡1期（前二世紀前半、前漢前期）
2　漢鏡2期（前二世紀後半、前漢中期前半）
3　漢鏡3期（前一世紀前半から中頃、前漢中期後半から後期前半）

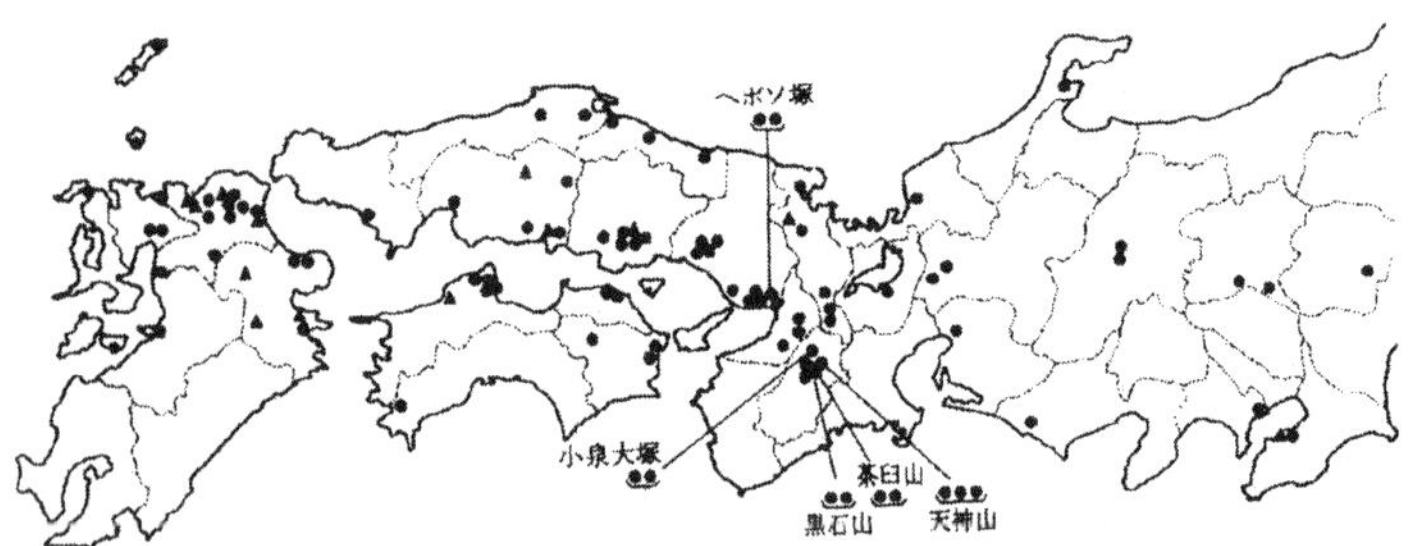

第 1 段階　上方作系浮彫式獣帯鏡・飛禽鏡・画像鏡・夔鳳鏡・獣首鏡

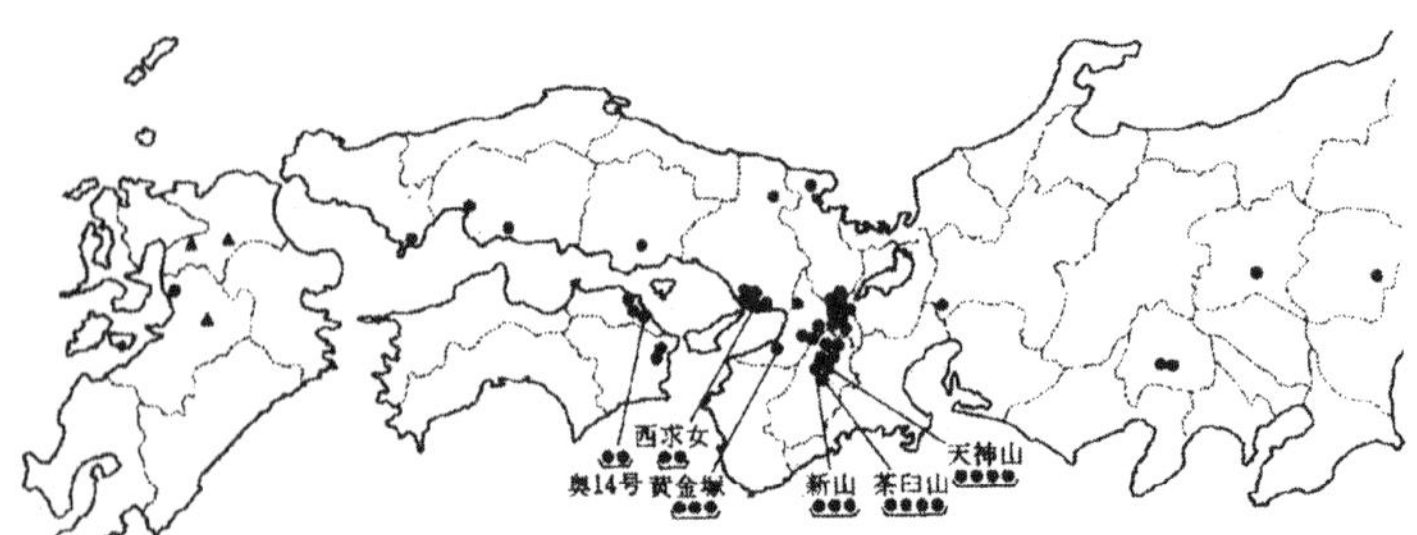

第 2 段階　画文帯神獣鏡

第 3 段階　斜縁神獣鏡

中国鏡（漢鏡 7 期）の分布の変化（岡村秀典『三角縁神獣鏡の時代』より）

4　漢鏡4期（前一世紀後葉から後一世紀はじめ、前漢末から新の王莽の時代）

5　漢鏡5期（一世紀中頃から後半、後漢前期）

6　漢鏡6期（二世紀前半、後漢中期）

7　漢鏡7期（二世紀後半から三世紀はじめ、後漢後期）

8　魏鏡（三世紀の三角縁神獣鏡をはじめとする）

一方、呉鏡のところで触れたが、大阪大学の福永伸哉氏は、三角縁神獣鏡三百五十面をふくむ千数百面の鏡の鈕孔の研究から、三角縁神獣鏡の鈕孔のかたちが長方形であることに注目、他の鏡の鈕孔は円形や半円形であり、それとは明らかに異なっている、と述べている。福永氏は、鈕孔が長方形であるのは、ある中国工人群が三角縁神獣鏡を製作していたためで、その手法は魏の官営工房につながる可能性が強いと主張されている。魏の王朝が卑弥呼や台与に下賜するために特別に鋳造したのが三角縁神獣鏡であるというのである。

京都の泉屋博古館は銅鏡にふくまれる銀やアンチモンなどの微量成分を大型放射光施設Ｓｐｒｉｎｇ－８が生みだす強力な放射光を用いて測定する成分分析の研究をされている。同館が所蔵する戦国時代から三国・西晋時代までの中国鏡六十九面、古墳時代の倭鏡十八面、そして三角縁神獣鏡八面の分析結果を公表している（西日本新聞二〇〇五年六月八日付）。中国鏡と古墳時代倭鏡の成分分析が正確におこなわれれば、ある程度の分類ができるようになる。

ただ、三角縁神獣鏡の魏鏡説については批判もある。京都産業大学の森博達教授は、銘文の韻律の研究から、魏朝特鋳説は「幻想だ」としている。後漢に流行した方格規矩四神鏡の代表的な銘文には、音符と四声による平仄（ひょうそく）（平声（ひょうしょう）〈平らな発音〉と仄声（そくせい）〈上声・去声・入声の三音〉を規則的に配置する）の法則があるのに、三角縁神獣鏡には、魏で押韻（おういん）しなくなった字を押韻字としているものが少なくない。

神原神社古墳出土の景初三年銘鏡の場合は平仄の法則があまり見られず、韻律は無視されていると言う。卑弥呼が銅鏡を賜った魏の明帝の時代は、まさに「詩文全盛」の時代であった。押韻の意識もない、拙劣な銘を刻んだ鏡を特鋳して賜るとは考えにくい、というのである（毎日新聞二〇〇〇年九月十二日付）。

三角縁神獣鏡には、「銅出徐州」の銘があるため、材料である銅の産地は、徐州が有力な候補に掲げられる。鏡をもとにそれを原型に踏み返して鋳造された踏み返しや、銘文の模倣なども考えられ、即断はできない。しかし日本国内で古墳の研究調査がこれだけすすんでも、中国本土では三角縁神獣鏡が一面も出ていないし鋳型も出ていない、朝鮮半島からも出ていない。これも事実である。鋳型さえ未発見なのである。

東京国立博物館の西田守夫氏も「神獣鏡の図像」（『MUSEUM』二〇七号、東京国立博物館、一九六八）という論文で、三角縁神獣鏡というのは、中国の画像鏡や、神獣鏡など、いろいろな鏡の文様を取捨選択して、文様構成を作っている、だけど中国本土から一面も出てこないということは、いかなることなのかといっている。

Ｓｐｒｉｎｇ－８による測定結果についても、自然科学者から疑義が出されていて、三角縁神獣鏡の鋳造の状況はすべて同じではなく、六面は中国製、二面は倭製ということになるのが疑問とする。これも、直ちに卑弥呼の鏡という結論には難がある。

三角縁神獣鏡は日本で作られた？

三角縁神獣鏡はすべて魏で作った鏡ではなく、日本で作られたものだ、とする論理の根拠のひとつに、日本の古墳から出る場合はほとんどが四世紀に築造された墓からだとする見解がある。しかし古墳年代が古く考えられるようになったいま、その論理に再検討がせまられていることもたしかである。「はじめに」で紹介したように、大阪の池上曽根遺跡で発掘された神殿風の建物の柱材の年輪年代学上の科学的な分析法が裏付けとなって、全般的に弥生中期後半の年代を五十年、あるいは百年古くするというのが、最近の考古学の基になっている。近年定説化しつつある年代観からすれば景初三年銘、正始元年銘の三角縁神獣鏡自体は紀年にあるとおり三世紀の鏡として理解できると見るのが、おおかたの考古学者の意見であろう。「三角縁神獣鏡が出土する古墳のほとんどが四世紀」という見解は今後、修正されてくる可能性があると筆者は思っている。

三角縁神獣鏡については奈良県天理市の黒塚古墳からの出土が三十三面であったのに対し、行燈山(あんどやま)古墳（崇神(すじん)陵）の陪塚(ばいちょう)とされる同じ天理市の柳本(やなぎもと)天神山古墳では鏡二十三面中三角縁神獣鏡はわずか二面にすぎず、一九五三年（昭和二十八）に鉄道工事中に発見された京都府木津川市の椿井大塚山古墳では四十面中、三十二面である。こうしてみると古墳によって三角縁神獣鏡の所有実数には大きな差がありそうである。しかも古墳時代前期初頭における三角縁神獣鏡の所有実数は想像以上に多量なものであったといえるのかもしれない。

また発見された三角縁神獣鏡の総数が、卑弥呼がもらった「銅鏡百枚」を大きく超えて五百面にもなろうとしていることについての肯定的見解もある。それは邪馬台国から魏王朝への朝献がその後数回におよんでいるのだから、三角縁神獣鏡の輸入（舶載）も当然数百面におよぶという考えであった。しかしいまや国産鏡説の主張が強くなっている。

仿製鏡の根拠

三角縁神獣鏡に対する関心は、国内の研究者のみにとどまらない。

だいぶ前のことになるが、東京の日比谷公会堂で開催された国際シンポジウムの折、中国社会科学院考古研究所長の王仲殊氏と隣席になったことがある。

王仲殊氏は私が「何が発見されれば邪馬台国論は決まりであるとお考えですか」と尋ねると、即座に「三角縁神獣鏡の鋳型が出ればね」と私の顔を見てニヤリと笑った。「ではその鋳型はどこから出ると思われますか」と問うと「それは畿内です!!」とすぐ答えられた。

二人だけの会話ではあったが、当時、呉から来日した鏡製作工人による国産鏡説を開陳していた王氏も畿内説であったことを知った。

そのときも、いまも、邪馬台国論争のなかでもっとも先鋭化している論争は鏡の問題であるといってても過言ではない。

そして二〇一〇年（平成二十二）十一月二十七、二十八日の二日間にわたり「洛陽学国際シンポジウム」が明治大学で開催され、その「報告論文集」（二〇一一年三月刊行）に中国西北大学の王維坤教授の「日本の三角縁神獣鏡の性質に関する私見」と題する論攷（ろんこう）が載った。

王教授の所論のひとつは一九九四年三月十八日に京都府京丹後市で発見された大田南五号墳の「青龍三年」銘鏡の規矩四神鏡についてである。王教授は、樋口隆康・森浩一・近藤喬一・岡村秀典氏らの所説を紹介しつつ、この青龍三年鏡は一種の仿製鏡であると結論づけている。漢代以来流行した「善銅四神博局鏡」と「禽獣簡化博局文鏡」系統の銅鏡の銘文とくらべた結果、模倣鏡（仿製鏡）だという。

また中国湖北省鄂城（がくじょう）出土の「尚方四神博局鏡」を引用し、「青龍三年」鏡の「T・L・V」文様が逆版であるとの解析から、青龍三年規矩四神鏡が「中国銅鏡の仿製鏡であることをまちがいなく説明できる」としている。

第三は鏡の銘文中の用語法の誤りについてである。すなわち「母」が本来は「毋（なかれ）」であるべきだとして、三角縁神獣鏡・盤龍鏡は日本の工人が日本で作ったものとした。

第四の問題は銅鏡銘文中の「本是京師　絶地亡出」と読んでいた文字は「杜地之出」が正しく、「絶地」を「異域」とし、また「亡出」を「亡命」と解釈した王仲殊氏の説を批判し、呉の工人の渡来による三角縁神獣鏡製作説を否定している。

第五の問題点は銘文の音韻が錯誤しているという内容である。鏡の銘文は他の中国銅鏡と同様に「詩文」の形式で、かならず「音韻学」の道理にかなっていなければならないのに、三角縁神獣鏡の銘文は押韻をしていないことから魏鏡とは考えられないとする。

右の五点から王維坤教授は、日本の工人が漢以来の大型神獣鏡と小型の三角縁盤龍鏡（三虎鏡と三龍鏡）を模倣して日本で製作した「仿製鏡」だと結論づけているのである。

また王維坤教授は景初三年鏡・正始元年鏡・景初四年鏡（京都府福知山市広峯十五号墳）の銘文についても述べる。

第一は年号の問題で、景初四年（二四〇）はありえないとし、絶対に中国製ではないとする。また、銅原料の「科学分析の結果」（鉛の同位体分析か：筆者注）日本の原料であるとする。

第二は「魏の年号」のことで、なぜ呉の工人が「正始元年」「景初四年」を用いたのか疑問として、王仲殊氏が一九八〇年代に出した「魏に渡来した呉の工人の製作説」（魏と対立関係にあった華南の呉の工人が日本列島に渡来して大和政権の求めに応じて三角縁神獣鏡を作った）を否定している。

中国の研究者から提起された三角縁神獣鏡に関する多くの疑問点は、日本の考古学界においても前々から問題にされてきた課題でもある。ただ、魏鏡とされてきた三角縁神獣鏡が国産鏡（仿製鏡）ではないかという意見が提出されていることは注目しなければならない。

とくに中国鏡とされているにもかかわらず、今日まで中国本土、とくに魏の版図（はんと）である華北から一面も出土していないことは中国鏡説否定の強い根拠となっている。一方で、北九州、近畿両地方において一九四〇年代以降実施された多くの大発掘においても、三角縁神獣鏡製作の工房跡など発見されていないというのも、腑に落ちぬところである。

しかし、もしもこうした論点が正しいとするならば、なぜ、青龍三年銘なのか、「青龍三年」という年号の銘文の選択や、鏡鋳造の工人の渡来、技術移転、銅原料の調達などの合理的な考古学的証明が果たされなければ、国産説を直ちに認めることはできない。製作者は誰なのか、弥生時代の銅鐸製作技術の系譜上に、三角縁神獣鏡の銘文や主文様製作技術の展開がありうるのか、明確にしなければならないであろう。

それにしても島根県雲南市加茂町の神原（かんばら）神社古墳などの景初三年銘、兵庫県豊岡市の森尾古墳や山口県周南市の竹島（御家老屋敷）古墳出土の正始元年鏡などまですべて国産鏡だとすると、なぜ三世紀前葉の魏の年号、すなわち景初三年、正始元年という年号を入れたのか理由がつかめない。

森浩一氏は青龍三年鏡は国産鏡との立場をとっており、「日本に東渡した中国工人が、直接あるいは間接的に製作に関与した銅鏡である」と考えている。作家の松本清張氏なども、この鏡は国産だという主張をされていたが、京都大学系の先生方は依然として、舶載鏡であるとの立場である。

しかし日本本土でも鋳型が出ないのでは日本製であるという証明もできない。弥生時代の中期から後期にかけて、あれほど細かい銅鐸を作った技術があったにもかかわらず、鏡の鋳型が出ないというのはどうしたことであろうか。もっとも、鋳型といっても石型でなく、砂型で仕上げれば、こなごなに壊してしまうのだから、という人もいる。

考古学というのはあくまでも厳正な事実にもとづく学問なので、これまで一面も中国本土から出てこないということは、中国製ではないのではないか、はっきりと態度を決するべきだと、九州説の先生がたはおっしゃるわけである。

三十三面の三角縁神獣鏡

奈良県天理市の柳本古墳群のなかに位置する黒塚古墳は、いままで四世紀中頃の築造であると考えられていた。この黒塚から約二キロ南には卑弥呼の墓と言われる箸墓があり、付近には箸墓のつぎに築造されたと考えられる西殿塚古墳（継体天皇皇后・手白香皇女衾田陵）、行燈山古墳（崇神天皇陵）のほか、渋谷向山古墳（景行天皇陵）などの巨大天皇陵、二十三面の鏡が見つかっている柳本天神山古墳などもある重要な地域である。

一九九七〜九八年（平成九〜十）に実施された調査をまとめた『黒塚古墳調査概報』（大和の前期古墳3、奈良県立橿原考古学研究所編、学生社、一九九九年）によると、この黒塚の墳丘規模は全長一三〇

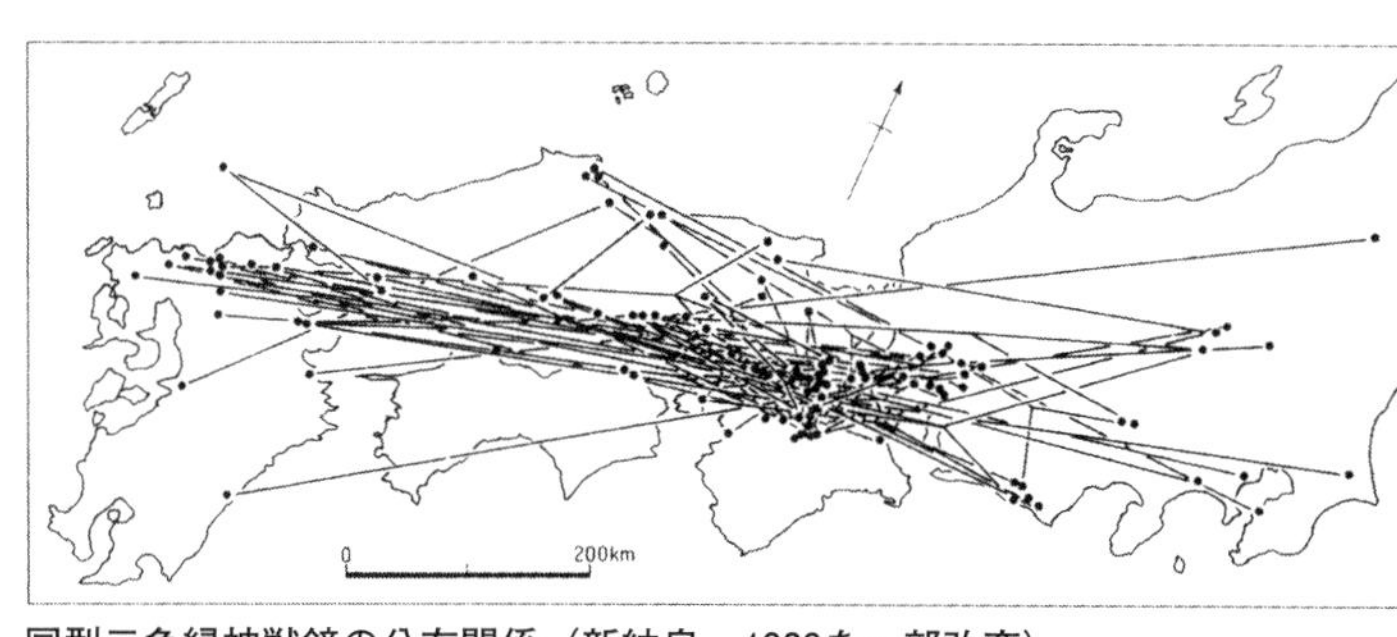

同型三角縁神獣鏡の分布関係（新納泉、1989を一部改変）

メートル、後円部径約七二メートル、後円部高さ約一一メートル、前方部高さ約六メートル、この後円部から板石と人の頭ほどの川原石を合掌形に積み上げた合掌式と呼ばれる特異な構造の竪穴式石室が見つかった。畿内の古墳は大半が盗掘されている。ここもその心配があったのであるが、竪穴式石室の側壁石は石室内に落ち込んでいたものの、それは自然倒壊によるもので、多くの遺物が発見された。

石室は高さ約一・七メートル、長さ約八・三メートル、幅約一・三メートル〜〇・九メートルで、古墳の規模からくらべると大きな石室と言える規模である。

調査開始から五日目、石室内の石を除去すると、盗掘を免れたこの石室の中央部分には、クワの巨木をくり抜いて作った長さ約六・二メートル、幅約一メートルの水銀朱が施された割竹形木棺が置かれているのが発見された。木棺は、縦に三分割された状態で、木目に沿って割れていた。そしてその木棺の外側には棺を囲むように鏡面を上にした計三十三面の三角縁神獣鏡が発見された。西棺側から十七面、東棺側から十五面、北小口側から一面であった。

しかも三角縁神獣鏡はいずれもほぼ完形で、直径二二～二四・五センチメートル。その内三面の鏡背には「張氏作」など、鋳造した工人の名前が刻まれていた。そしてそれらの鏡群を統べるように、木棺内の遺骸頭部付近には船載の画文帯神獣鏡一面が置かれていた。

この三角縁神獣鏡は、後に国内各地に同じ鋳型で作った同笵鏡が存在することが確認されたが、そのうちの一面は三神五獣鏡で、静岡県や兵庫県、滋賀県、京都府などから出土している計八面の鏡と兄弟鏡の関係であることがわかった。また「三角縁神人龍虎鏡」という新式の三角縁神獣鏡で、鏡のなかに「師出洛陽」銘のあるものがあったが、これは京都府山城町（現木津川市）の椿井大塚山古墳から出土したとされる鏡と同笵鏡の可能性が高いとされている。

つまり黒塚古墳の銅鏡は、椿井大塚山古墳など、他の同笵鏡や兄弟鏡をもつ古墳の築造時期ともかかわるたいへん重要な問題を提起しているのである。しかも黒塚古墳は行燈山古墳（崇神天皇陵、今までは四世紀中頃～後半頃築造とされてきた）近くの一三〇メートルの前方後円墳である。ここに三角縁神獣鏡三十三面が副葬されていたということは、大和古墳群の前期古墳の歴史的性格を推測する点で多くの材料を提供したことになる。

明らかに違う扱われ方

黒塚古墳の発掘中に、筆者は調査担当者の河上邦彦氏から現地見学の案内を受けていた。が、あいにく山梨県甲府市内の病院に入院中だった。退院したばかりの一九九八年一月七日。まだ人気のない黒塚古墳を訪れ、河上氏から説明を受けた。私のもっとも驚いたのは、その鏡の副葬状況だった。

遺骸の頭上に置かれていた直径一三・五センチメートルの画文帯神獣鏡の一面は画文帯神獣鏡のなかでは小ぶりで薄い。中央にある鈕（ちゅう）の周囲に乳（にゅう）と呼ばれる小さな突起が四つ配置されていて、その突起のそれぞれには龍の文様がからみ、周囲を半円と方形の文様帯がめぐっている。

大和古墳群では、同タイプの画文帯神獣鏡が前出の柳本天神山古墳（奈良県天理市）と桜井茶臼山古墳（奈良県桜井市）の二ヵ所で確認されている。

この一面の画文帯神獣鏡は、三角縁神獣鏡よりやや古い時代（中国後漢の末期～三国時代）の鏡で、土に埋もれて立った状態で出土した。調査委員会ではその文様などから中国製と判断した。そして魔よけの意味を持つ水銀朱の層がこの鏡を境に南側で濃くなっていることから、画文帯神獣鏡付近が遺骸の頭部にあたる可能性が強いと判断したようである。

この画文帯神獣鏡の位置に何らかの意味を求める研究者も多くいる。

他の三十三面の三角縁神獣鏡は、木棺外、石室側壁との隙間に重なり合いながら、傾いた状況で雑然と並んでいたのだ。魏鏡であり卑弥呼外交の証とされてきた三角縁神獣鏡の副葬状況としては、やや粗雑に扱われている印象を与える状況であった。

黒塚古墳の被葬者の埋葬に際しては、画文帯神獣鏡と三角縁神獣鏡とでは扱いが明らかに異なっていることがわかる。それはどうしてなのか。貴重であったはずの鏡としてこの扱いはどうなのか、と疑問に思ったものだ。その疑念はいまでもつづいている。

ホケノ山古墳と平壌の古墳の画文帯神獣鏡

さて、黒塚古墳で遺骸の頭部近くに置かれていた画文帯神獣鏡は、三世紀前葉の中国鏡の「神獣鏡」で、日本では約六十面出土している。その分布の中心は北部九州ではなく畿内地域である。魏の紀年を刻んでいるので魏鏡と思われがちだが、ホケノ山古墳から出土した画文帯神獣鏡などは、画文帯同向式神獣鏡といって、瀬戸内以東の日本と朝鮮半島の楽浪郡からしか出土しない。

平壌市にある貞柏里三号墳から出土したものが、ホケノ山古墳出土の画文帯同向式神獣鏡と同型式の鏡とされる。貞柏里三号墳出土の画文帯同向式神獣鏡は、土器編年上では楽浪Ⅴ期にあたる。その下限は、楽浪が滅びた年、三一三年とされる。朝鮮半島の編年によれば、この鏡が製作され埋納されたのは、二八〇年から三一三年のあいだとなる。ホケノ山古墳が築造された時期も同じ頃、すなわち三世紀末から四世紀初頭であるとする意見もある。しかしこれもまた、その鏡を受け入れた首長が何年くらいその鏡を有していたか不明であり、千七百年も前のことであるから、そこから年代を割りだすことはまず期待できない。

古墳の築造年代にかんしては墳形や土器、副葬品などで年代を推定するのであるが、これもなかなか難しいのである。崇神陵前方部側に一九六〇年頃に発掘された全長約一〇〇メートルの前方後円墳柳本天神山古墳があるが、この古墳は、いままで崇神陵の陪塚だろうと考えられ、四世紀中～後半の年代が推定されていた。しかし内行花文鏡、方格規矩四神鏡、画文帯神獣鏡や三角縁変形神獣鏡など、二十三面の鏡が見つかり、後漢鏡主体の副葬鏡に仿製鏡が数面ふくまれていた。埋納形態から推測すると、どうやら、崇神陵より少し古い時期の古墳のように思われる。

後で検討するが、ホケノ山古墳の築造年代が三世紀前半、箸墓が二四〇年から二六〇年で認められるとすれば、黒塚古墳は三世紀後半から四世紀初頭頃の年代が与えられると筆者は考えている。つまり製作された鏡の絶対年代はわかっても、古い鏡が入っていたというだけでその墓なり遺跡なりの年代の確定はできないということである。

歴史的経過を経ながら北九州までやってきて、そこから畿内へ流れ埋納されるまで何年と考えるべきか。鋳造年プラスαとして、αの数値を求めるのは至難のことである。

三角縁神獣鏡はいつ登場するか

箸墓古墳よりわずかに先行すると思われるホケノ山古墳は、庄内式土器が多数出土し、石囲い木槨墓からは画文帯神獣鏡や内行花文鏡が出土している。しかしホケノ山に三角縁神獣鏡はなかった。三角縁神獣鏡が古墳副葬鏡として登場するのはいつの頃からであろうか。第一段階の三角縁神獣鏡は景初三年銘や正始元年銘鏡であるから、その年代は二三九年、二四〇年であり、三世紀の中頃ということになる。ホケノ山古墳をはじめ庄内式土器併行期には三角縁神獣鏡はまだ登場していないと見なければならない。各地の弥生時代後期後半から終末頃に出現する墳丘墓には三角縁神獣鏡はないようである。

さてホケノ山古墳が箸墓より前に築造されたということになると、ホケノ山出土の鏡がどのようなものであったかが問題になってくる。

ホケノ山古墳の調査結果によると、一部盗掘を受けていたとはいえ、完鏡の画文帯神獣鏡一面が発見され、内行花文鏡と画文帯神獣鏡の破片が発見された。ほかに、明治時代の出土と伝える國學院大学蔵の画文帯神獣鏡と大神(おおみわ)神社の伝ホケノ山古墳出土と伝える内行花文鏡一面を加えると四、五面の後漢、三国時代の鏡が存在したことになる。

今回の発掘により出土した画文帯神獣鏡（直径一九センチメートル）は絵柄が右回りになっていることから、後漢の末期に作られた船載鏡で、三世紀の初めのものと推定された。中国銅鏡は北部九州の二世紀前半までの遺跡で多く出土するが、画文帯神獣鏡の出土は、畿内と瀬戸内東部に偏っていることから、中国鏡の輸入が三世紀前半以降畿内に移ったと考えられている。この他三世紀前葉の兵庫県加古川市の西条五十二号墳丘墓からは破砕された面径一八センチメートルの内行花文鏡、徳島県鳴門市の萩原一号墳丘墓からは破砕された画文帯神獣鏡が見つかっている。

ホケノ山古墳に三角縁神獣鏡の副葬がまったくなかったということは、天理市黒塚古墳や桜井茶臼山古墳のように、三角縁神獣鏡をもつ前方後円墳より先行する纒向型前方後円墳の特色を示すものと思われる。

つまり画文帯神獣鏡が後漢の末期、三世紀の初めに作られたものとすれば、ホケノ山古墳はそれから三角縁神獣鏡が輸入される前に造られた古墳ということになる。黒塚古墳に埋納された三角縁神獣鏡よりも大切に扱われているように見えるこの鏡が、卑弥呼の鏡であるとも考えられるが、しかしそうだとしても、なぜ魏鏡ではなく後漢末期の鏡であるのか、なぜ画文帯神獣鏡の出土は、畿内と瀬戸内東部に偏っているのかが疑問である。それは箸墓の築造年代にも大きくかかわってくる。

問題の楽浪系の鏡

そうしたなかで最近問題になってきているのが、斜縁同向式二神二獣鏡の存在である。

一九七四年（昭和四十九）に発掘調査された長野県松本市の弘法山（こうぼうやま）古墳は、東日本最古級の三世紀後半築造とされてきた前方後方墳である。その弘法山古墳から東海地方の土器と一緒に一面の鏡が発見された。この鏡が斜縁二神二獣鏡だった。墳丘長は六六メートル、後方部幅約四七メートル、後方部長さ約四一メートル。出土土器の型式から古墳出現期の三世紀中葉にまでさかのぼるという見解もある。

東日本では箸墓などの前方後円墳に先駆けて、前も後ろも方形の前方後方墳が出現するのであるが、弘法山古墳が三世紀中葉の築造となると、邪馬台国時代と同時代となる。東日本の前方後方墳と前方後円墳のはじまる時期、このふたつの異なる墳形の関係は、邪馬台国を語るうえで無視できない。

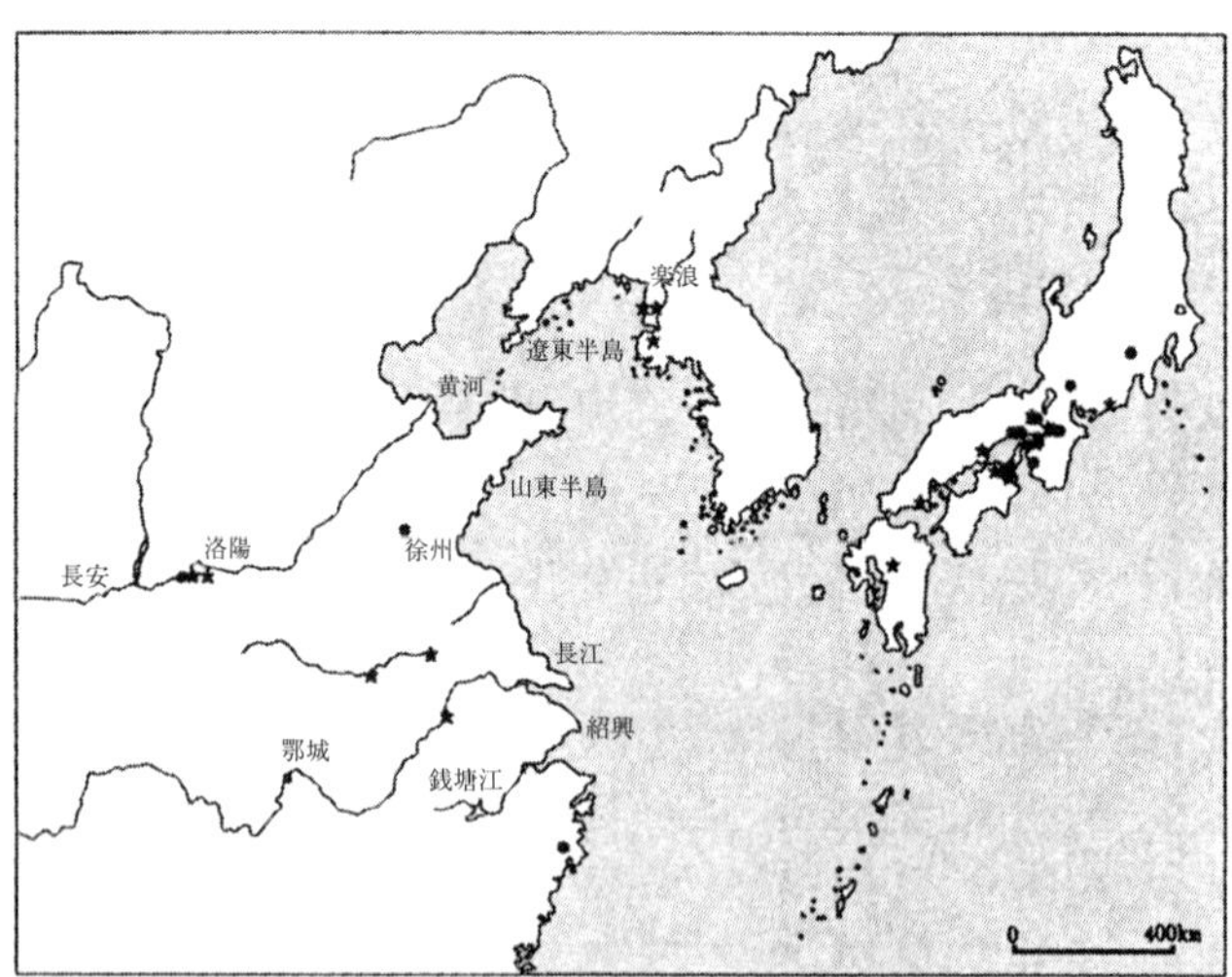

東アジア東北部—東部系画文帯神獣鏡

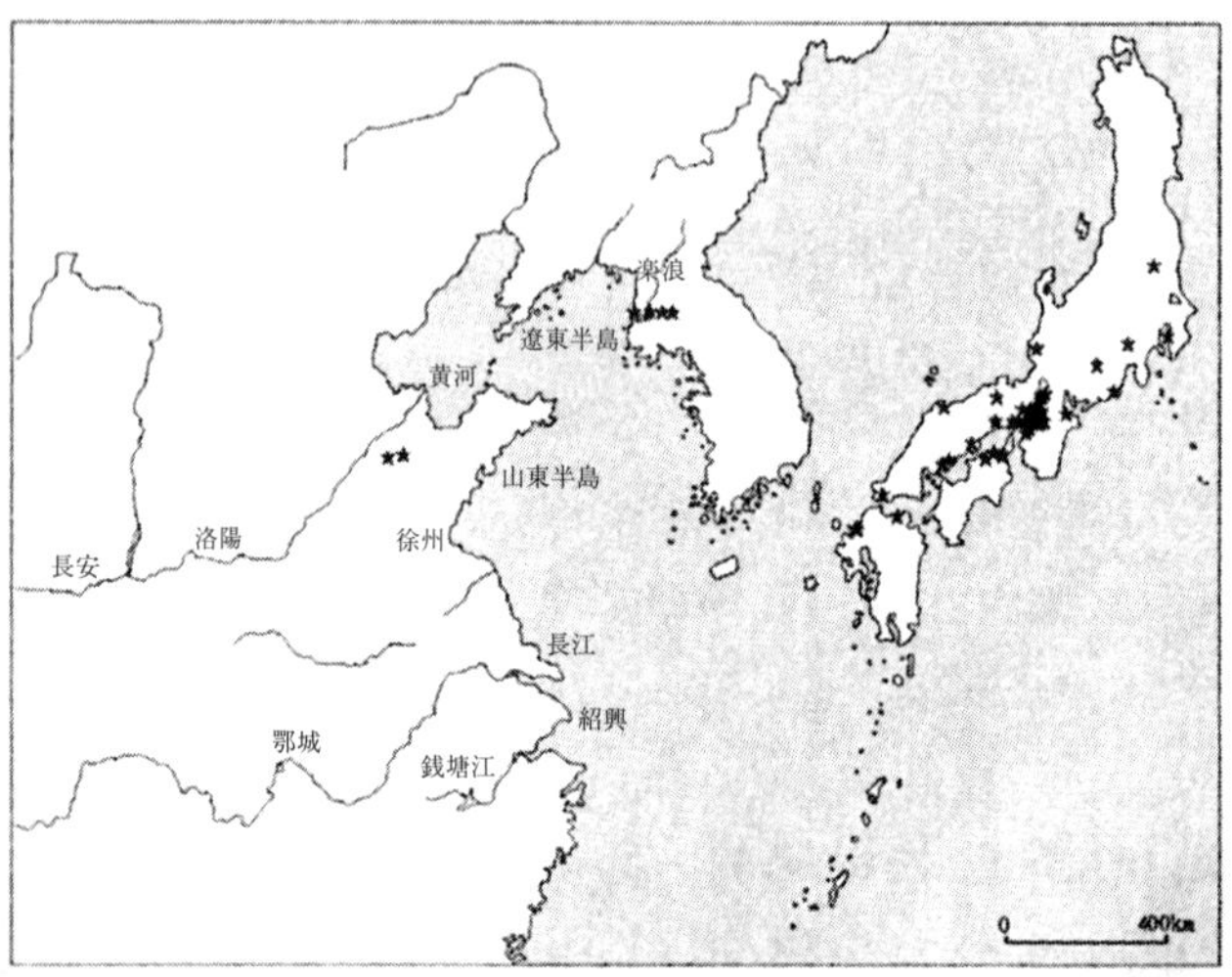

斜縁神獣鏡・四獣鏡の分布

楽浪の鏡の分布（森下章司氏作成。『邪馬台国時代の摂津・河内・和泉と大和』2008年より。左頁の写真も含めて香芝市教育委員会提供）

さらに、千葉県木更津市の海岸近くの丘陵上に高部三十号・三十二号墳という前方後方墳がある。発掘の結果、三十号から斜縁二神二獣鏡（破砕鏡）、三十二号から斜縁半肉彫四獣帯鏡（破鏡）が出ている。

こうした斜縁二神二獣鏡や、斜縁半肉彫獣帯鏡などの文様をもった鏡が、最近各地の古墳出現期の墳丘墓や古墳から発見されている。

問題はこれらの鏡が、朝鮮半島の楽浪郡からもたらされたものであり、中国から三角縁神獣鏡が輸入されるよりも前に流入した鏡ではないかと見られているのである。

岡村秀典氏の分類によれば、斜縁神獣鏡は漢鏡七期に分けられた鏡のなかでも第三段階（最終段階）に位置づけられ、時期は三世紀前半としている（岡村秀典『三角縁神獣鏡の時代』）。岡村氏は三角縁神獣鏡は仿製鏡ではなく、船載鏡とする立場に立つ。

一方、韓国国立慶尚大学招聘教授の新井宏氏は、歴史民俗博物館を中心とした日韓共同研究の『東アジア地域における青銅器文化の移入と変容および流通に関する多角的比較研究』（齋藤努編、二〇〇六年）の報告、すなわち、朝鮮半島における遺跡から出土した青銅器や鉛原料（方鉛鉱）の鉛同位体比分析結果の報告から、「三角縁神獣鏡は、魏鏡である斜縁二神二獣鏡とは全く異なった鉛同位体比を持ち、しかも庄内期や古墳早期の仿製鏡の鉛同位体比と一致している」「三角縁神獣鏡が下賜されたころの代表的な魏鏡は斜縁二神二獣鏡である」とする。

新井氏は、紀年銘鏡の同位体比についても言及し、中国鏡の可能性は依然として否定できないとしながらも、「三角縁神獣鏡の鉛同位体比は、漢鏡六期や七期鏡の鉛とは一致せず、むしろ仿製鏡と良く一致していた」としている。

鉛は青銅器の主原料のひとつで、質量の異なる四種類（204Pb、206Pb、207Pb、208Pb）の同位体で成り立っているが、この四種類の比率の違いを測定して銅鏡の原材料の産地を推定しようとする試みが鉛同位体比分析である。しかし、これは青銅器の鉛が混同して使用されることが多いため、特定は難しいとされる。

また新井氏は日本の古墳から出る中国製の鏡といわれているものと、実際に中国本土の後漢から三国時代にかけての鏡と、朝鮮北部の楽浪郡、いまの平壌あたりの出土鏡とを比較検討した西川寿勝氏らの見解を重視している。

日本の古墳から発見される三角縁神獣鏡の舶載鏡の鏡式を調べていくと、日本の前期古墳から出土する舶載鏡は、中国の後漢や三国時代、魏の中心地であった黄河の中流域の河南省あたりの鏡の鏡式や形式と一致しない。

例えばホケノ山古墳から出土した画文帯神獣鏡は、画文帯神獣鏡の種類として重列式、三段式、同向式があるうちの同向式のものであるが、日本列島以外では楽浪郡にのみ出土例のある特殊な鏡種であり、中国での出土例はほとんどないといわれている。

さらに、三国時代の揚子江の南、呉の領域で倭に近いところといえば、下流域の浙江省や江蘇省であるが、この地域から出ている鏡とも一致しないというのが、最近の京都大学系の研究者たちの見解である。また日本の舶載鏡の鏡式のなかで、中国本土と日本とでは一致しない鏡式が、じつは三角縁神獣鏡以外にもある。獣首鏡、夔鳳(きほう)鏡、双頭龍文鏡など、魏や西晋で主流だった鏡は、日本ではほとんどあらわれていない。

さらに後漢後期から東晋の時代に揚子江下流域に認められる三角縁重列式神獣鏡、神人車馬画像鏡、四獣画像鏡なども、日本の古墳から出る舶載鏡の主流にはなりえていない。

中国では発見例が少ないのであるが、画文帯の同向式神獣鏡、斜縁神獣鏡、あるいは半肉彫の神獣鏡とか、そういった鏡は日本の古墳から百五十面以上出ているが、これらは中国大陸の内陸部や中国の南方から出ている鏡の形式や、組み合わせとも一致しない。日本の古墳から出る舶載鏡で、形式と組み合わせが一致するのは、当時中国が設置した朝鮮半島北部、古代の楽浪郡の地域から出てくる鏡である。こういった鏡は、現在の平壌あたりから出土する鏡の主流になっている。

これらのことから三角縁神獣鏡も楽浪郡で日本向けに作った鏡ではないかという見解も出てきたのである。そうした理由から最近、日本の考古学界では、楽浪鏡との関連に関心が集まっているのだ。三角縁神獣鏡ではなく、もう一時期前、つまり弥生の最終段階から古墳出現期のごくはじめに、楽浪郡から日本列島に持ち込まれた鏡が、今後問題になるのではないかと思われる。

第五章　土器と墓が語る邪馬台国

庄内式土器の動きと邪馬台国

邪馬台国にかんする、膨大な新しい考古学的資料。それをどのように咀嚼（そしゃく）するかは、たいへん難しい。しかし、考古学的な手法で邪馬台国論にアプローチするとすれば、やはり土器との関係を問題にしなければならない。

この章では、集落遺跡などから出土している土器の面から、あるいはその土器が出土する弥生墳丘墓などの関係から邪馬台国論を構築してみたいと思う。

「はじめに」でも触れたが、近年まで邪馬台国は、弥生時代の出来事であり、それも後期に属することだと考えられていた。ところが、弥生中期後半が紀元前一〇〇年から紀元前後頃までとなれば、卑弥呼が王に共立された二世紀の終わり頃から卑弥呼が死去する三世紀中頃は、弥生後期の終末期か古墳時代の出現期にあたると思われるので、その時代の土器の分布が邪馬台国の範囲を考えるうえでのヒントになる。

西暦一八〇年頃から二五〇年頃の日本列島の土器はどのような状況だったのか。発掘された土器をどのように認識するか。それをどのように分類するか。また、掘ったトレンチの壁面の土層を三層に分けるのか、五層に分けるのか、そういう土層の見分け方、上下の識別によっても土器型式の分類が変わってくる。

弥生時代の人間が使った土器には大きく分けて二つある。物を貯蔵する土器である壺と、煮炊きに使う甕である。これが弥生人の生活の基本的な土器である。

壺も弥生後期は四つの段階に分かれている。弥生後期前半の新段階以降になると、二重口縁の壺が出てくる。口縁部が二回外反し複合状態を呈している。こういう壺形土器の口縁部の外反という傾向が、弥生時代後期後半の中段階からいちじるしくなってくる。しかも、円形浮文といわれる、丸いボタン状の飾りをつくって、口縁部に貼り付けてあるものも出てくる。この文様は円形貼付文ともいわれている。そして頸部や肩部などには、櫛描き波状文。そして頸部と肩の境目に、隆起帯が一条まわっている。これはかなり重要な特徴である。そしてその間にも櫛描き状の文様があり、隆起帯の上縁には刺突文（しとつもん）というか、刻み文がつけられているのである。そして、肩の上部には櫛描きの波のような文様がついていて、胴部には刷毛目（はけめ）がついている。

甕形土器の場合は弥生後期前半新段階から終わり頃まで、底部は平底である。そして口縁部は「く」の字状に、強くはないが外反しながら曲がっている。胴部の真ん中よりは少し上のほうに、最大径がある。土器の器面には、叩き目の文様がついたり、器面を板で擦（こす）ってつける刷毛目文がついたりする。

畿内			東海	関東		
小林・田中	大和(石野・関川)	大和(寺沢)		南関東	北西関東	東関東
畿内Ⅱ 畿内Ⅲ 畿内Ⅳ		Ⅱ Ⅲ Ⅳ	朝日 貝田町 高蔵	(堂山) 中里 宮ノ台	岩櫃山 池上 竜見町	(女方) 狢 足洗
畿内Ⅴ		Ⅴ Ⅵ	山中	久ヶ原 弥生町		東中根
 庄内	纒向1 纒向2 纒向3	庄内0 庄内1 庄内2 庄内3 布留0	 欠山 (廻間Ⅰ) (廻間Ⅱ) (廻間Ⅲ)	前野町	樽	十王台
布留	纒向4	布留1	元屋敷	五領Ⅰ	石田川	

そして庄内式土器の古段階の新相になると、尖り気味だった底部がだんだん丸底化していく。丸底ではあるけれども尖り気味。口縁部は完全に「く」の字口縁で、器形ができあがってから器壁の裏側を篦などで削って、器壁を薄くしている。こうしたところが弥生後期後半の甕とちがうところである。

また庄内式から布留式土器にかわると、底部は丸底化し、胴部が球形となり、口縁部が外側に折れ曲がり、口唇部のいちばん上端が内側に巻き込む。これが布留の特徴である。器面は刷毛目、庄内式土器の底が徐々に丸底化していったのにくらべて、布留のほうは完全に丸底化している。

年代	大別	北部九州	出雲	吉備	
				（土器型式）	（特殊器台）
	中期	城ノ越 須玖Ⅰ 須玖Ⅱ	上野Ⅲ 天神 知井宮Ⅱ	南方 菰池 仁伍	
B.C.／A.D.▶	後期	高三潴 下大隈	波来浜 的場	上東	
A.D.200▶					立坂
邪馬台国時代	終末期〜 古墳初頭	西新	鍵尾	酒津	向木見 宮山
A.D.300▶	古墳前期	有田	小谷	亀川上層	都月

土器編年表

土器編年は研究者によって見解が異なるので単純ではないが、まず近畿地方の弥生後期の土器を見てみることにしよう。

弥生墳丘墓や纒向型前方後円墳出現期の研究をされ、土器型式にかんして「布留０式」を提唱された寺沢薫氏案によると、弥生後期の最終段階には第Ⅵ様式が設定されている。庄内式土器の特徴は、全体に土器の厚みが薄く、そのことで熱効率をよくしているところにある。丸底であるが少し尖（とが）っている。そして口縁部が「く」の字状になっていて、口唇のところが、土器によっては跳ね上がっている。胴部には刷毛目や叩き目が少しだがついている。

寺沢薫氏による土器編年では庄内式土器は０１２３と四期に区分されていて、その後に登場するのが布留０式土器であり、古墳出現期の土器とされている。

箸墓より以前の築造と見られている奈良県纒向のホケノ山古墳出土の土器は、畿内地方における古墳出現期の土器とされるが、弥生土器であるととらえる研究者もいる。

橿原考古学研究所の所員として纒向遺跡の発掘調査に携わった、石野博信氏と関川尚功（ひさよし）氏の編年によると、現在纒向１式から４式までに分類されたなかでは、纒向編年の３式の古相にあたるとしている。庄内２式に併行するとされる。

筆者もホケノ山古墳出土の土器は庄内式土器だと考えているが、邪馬台国九州説の学者の方たちはこの編年に反論している。九州と畿内で布留０式土器と古式新羅伽耶（しらぎかや）陶質土器が一緒に出土している。こうした新羅や伽耶の土器の時期は、楽浪郡が高句麗（こうくり）によって滅ぼされた後の四世紀半ばであるという見解である。それに対して、古式新羅伽耶陶質土器は三世紀末には作られはじめた可能性があるという見解も出されている。

一方、九州に目を向けると、畿内の庄内式土器に併行する北部九州における三世紀前半の土器は西（にし）新（じん）式土器である。

現在の新幹線の博多駅は、旧博多駅から六〇〇メートルくらい内陸に入ったところにあるが、私が学生だった一九五一〜五三年頃は、畑や田圃が広がっていた。ここで開発にともなう発掘調査がおこなわれ、西新式土器に共伴して大量の庄内式土器の移入が認められ、つづいて布留0式土器などの出土が多く報告されている。

畿内地方から北部九州への庄内式土器の移入が、いかなる理由によったのか即断はしがたいが、これらの庄内式土器の移動は、近畿地方から北部九州への人とモノの移動を示すものと思われる。

ただ、胎土分析によると、北部九州で出土している畿内系の土器のすべてが、畿内より運ばれた庄内式・布留式土器ということではなく、福岡平野での製作品も存在したと見られるという。このことから、一時期の大量の集団移住だけではなく、継続的な人びとの移動もまた考えねばならない。北部九州で製作された庄内式土器もあるという事実は近畿地方と北部九州地方との関係が単純でないことを示している。

大きく土器群の流れとしてとらえると、近畿地方から北部九州へという流れであって、反対に、北部九州や南九州の土器は河内や纒向遺跡などに流入してはいるが、その量はまったく問題にならないほど少ない。こうした三世紀における土器の移動、搬入の事例から見ると、やはり近畿地方の地域的な優位性が見られる。

そうすると、弥生終末期に見られる畿内の庄内式・布留式土器の北部九州への流入は、どのような社会現象ととらえるかが問題となる。土器だけが歩いてくるわけはない。集団移住、交易、貿易、商業活動で入ってきたということもあるし、戦乱という背景があったためではないかとも思える。庄内式土器を抱えて戦乱を逃れてきたという見解もあるがどうであろう。

また九州では筑後型庄内甕が作られていることも最近わかってきた。筑後の人と畿内、瀬戸内の人たちが共同で社会を形成していたとも考えられる。当時、福岡平野で使っていた甕形土器に、西新式土器と一緒に、山陰の土器なども出土していることを見逃してはならない。

古墳出現期の東日本の土器

それでは関東の土器はどうなのか。

関東における土器編年では、久ヶ原（くがはら）式土器（東京都大田区久ヶ原遺跡出土）と、いわゆる弥生町式土器（東京都文京区弥生町出土）との型式の比較がおこなわれていて、久ヶ原式土器のほうが少し古く、それから、弥生町式土器に転換するという土器編年がさかんに唱えられている。

私が明治大学の学生の頃も、この土器の型式編年の論争がたびたびあった。一九六〇年以降、日本列島大改造の時代、東京をはじめ関東各地で開発にともなう発掘がおこなわれた。その結果、出土した土器群を見ると、弥生後期の土器には、それぞれの地域性が濃いことがわかった。

土器型式でいくと、久ヶ原式や弥生町式土器が出土する遺跡は、三浦半島から東京湾沿岸あたりの分布が多い。

しかし弥生時代後期の久ヶ原式と弥生町式土器は分布や時間的な前後にも差があることが判明している。弥生町式土器に続いて出現するのが東京都板橋区前野町遺跡の名前をつけた前野町式土器である。前野町式土器は南関東最後の弥生土器だが、これを古墳時代の土器つまり土師器だとしたのが京都大学の小林行雄氏であった。このことは関東地方の古墳出現時期を考えるうえで大きな問題となった。

一九七〇年代以降、開発のため遺跡調査が激増して関東各地で前野町式期の資料が増大し、弥生土器と土師器の関係が明確となった。

いまでも私は南関東地方の弥生後期終末期に前野町式土器が登場したと思っている。そして、前野町式土器の新相が三世紀前半における庄内期に併行するのではないかと思うのである。

東日本、とくに南関東地方における弥生時代の終末と古墳の出現年代については、最近の研究動向からいえば年代が遡上する状況にある。奈良県桜井市の箸墓古墳やホケノ山古墳の年代が基準となり、また列島内の広い地域での土器の移動、つまり人とモノの移動から、畿内と関東の年代差がほとんどない状態が確実なので、東日本における古墳出現年代は三世紀の前半代に求めるようになってきた。したがって、南関東の弥生時代の終末は、ほぼ西暦二〇〇年頃になると考えている。これは行燈山古墳（崇神陵）の四世紀後半という年代観によれば、三世紀中頃から四世紀前半代の前期古墳時代の社会が明確になりつつあるということになる。

庄内式土器が出土した時代を古墳出現期とすれば、千葉県市原市の神門三、四、五号墳出土の土器は布留式の前の庄内期の土器となる。前野町式の古相段階はそれより古いのだから弥生土器と考えるべきであろう。

いま確実に言えることは、弥生後期の一世紀から二世紀にかけて東日本では、土器の特色が地域によって分かれ、地域ごとの特色がよく見られるということである。それが少し後の二世紀終末から三世紀初頭には、庄内式土器をはじめ東海地方の土器文化が、かなり強力に東日本に流入する現象がある。つまり、三河・西遠江(とおとうみ)の弥生時代後期の山中式土器と欠山(かけやま)式土器の関東への移動現象が見られるということである。東海地方とくに西遠江地方からの集団移住という社会的な現象を認めざるをえない。

神奈川県綾瀬市神崎(かんざき)にある弥生後期の環壕集落を掘ったところ、出土した土器の九十数パーセントが、静岡県西部の遠江地方の山中式土器——浜名湖一帯の弥生土器であったという事実がある。神崎遺跡に住んでいた人びとは西遠江の弥生人であったと見なければならない。

また神奈川県では神崎遺跡ほどではないが、海老名市本郷遺跡や厚木市宮の里遺跡などの環壕集落から西遠江の山中式土器が出土している。相模の環壕集落も後期後半になると環壕は消滅するが、土器型式は山中式土器から欠山式土器へ移行する。相模湾岸と鶴見川流域からも、三河・西遠江の山中式土器群が出土しているので、これも集団移住の事実を物語るものと思われる。

弥生時代後期の段階になると、東国とくに関東地方では北関東地方から南関東各地への土器群の移動がある。北関東系土器の展開ということでは、群馬県の樽式土器、北埼玉地方の岩鼻式・吉ヶ谷(よしやつ)式土器などの武蔵野台地への流入もある。また東関東系と称する茨城から千葉県下への流れを示す印旛手賀沼系の土器や、茨城県上稲吉式土器の千葉県下への展開もある。

右にあげたような東国、とくに南関東地方における弥生時代後期の外来土器の流入現象はどのように理解すべきであろうか。弥生時代後期が紀元二世紀から三世紀初頭にかけての時期だとすれば、三世紀代には環壕が消失するという事実、西遠江・東遠江・北関東・東関東という広汎な地域間の土器の移動から、人間集団の交流・移住という事実が浮かび上がってくる。ただしその内容については多様な理由が介在するのであろう。

二世紀後半という段階が倭国の乱によって混乱した社会状況にあったとすれば、倭国内の社会においては難を逃れるために多くの人が移住をおこなうのも当然であったのかもしれない。

しかも、二世紀から三世紀の倭国の範囲は北部九州地方に限定されるものではなく、山陰・北陸地方をはじめ、瀬戸内地方から近畿地方、さらには東海・関東地方までをもふくめた汎列島的な世界であったと思うのである。

邪馬台国時代の墓

ここで邪馬台国の問題を考えるために、仔細に見ておく必要があるのが、墓の形状と変遷とその分布である。古墳の種類には、天皇（大王）陵古墳などの前方後円墳をはじめとして、前方後方墳、円墳や方墳、上円下方墳、八角墳などがある。現在残っている古墳と呼ばれるものは、たいていが土を盛り上げて墳丘を築いたものである。

わが国で最初に造られた前方後円墳と考えられている箸墓などの大前方後円墳は、天皇（大王）の陵墓として採用されて六世紀頃までつづいた。その後は円墳や八角墳などになっていくが、この箸墓出現以前の墓の形状や分布が、大前方後円墳の出現の背景を知るための大事なポイントになる。

特に出雲や東国における弥生墳丘墓から前方後円（後方）墳出現にいたる経緯を考えることは、倭国と邪馬台国、邪馬台国と狗奴国との関係をはじめ、列島の弥生時代終末と古墳時代社会の生成を考えることにつながるものである。そのためには弥生の代表的墳墓である方形周溝墓について見てみる必要がある。

四隅突出型墳丘墓と特殊器台・特殊壺

方形周溝墓という墳墓については、これまで弥生時代の初期に近畿地方に出現し、後に全国に伝播（でんぱ）した墓制であるとされてきた。しかし弥生時代後期の墳丘墓研究において、北九州や畿内地方の特定地域のみでなく、汎日本的に東方の地域をふくめた各地で調査が進行するようになり、日本海沿岸、瀬戸内海沿岸、あるいは近畿地方以東の各地においても、墳丘墓社会から前方後円（後方）墳社会への発展が系統的に論証しうる状況が現出しつつある。

京都府京丹後市の赤坂今井墳丘墓を見ると、丹後半島における弥生時代後期社会の発展がうかがえる。赤坂今井墳丘墓は東西三六メートル、南北三九メートル、高さ四メートルという方形で、墳頂部にある六基の埋葬施設のなかでも一号と四号主体の内容は群を抜くほど卓越したものであった。一号主体は未調査であるが、第二、三、四号埋葬施設の調査が実施され、四号主体内から、とくに多量の水銀朱が発見され、注目を浴びた。また墓上祭祀に用いた多量の弥生土器は、後期終末期の丹後王国の海上交易による優位性を示すものである。丹後地方における後期後半の北陸・播磨系に加えて、近畿・東海地方との関係を示す外来系の土器の存在が注目される。

赤坂今井墳丘墓にかぎらず、各地の墳丘墓の内容には独自性が強くあらわれている。二世紀から三世紀初頭にかけての列島内の各地の激しい動きのある社会情勢が、特定の首長たちの独立性の強い動きを活発化させたということである。

鳥取県の妻木晩田（むきばんだ）の洞ノ原（どうはら）遺跡には大・中・小の四隅突出墓がある。これらの墓は有力な首長の家系をふくんでいるという可能性もある。

島根県の宍道湖（しんじこ）の周辺にも友田遺跡の墳丘墓がある。弥生中期後半段階では、長方形のプランで四隅がほんの少し出る特殊な形である。これが後期にかけて、四隅の突出度がだんだんと激しくなっていく。これが四隅突出型墳丘墓である。

四隅突出型墳丘墓は弥生時代中期以降、備後・山陰・北陸の各地で築造されたもので、特に山陰地域では、突出部に一メートルほどの石を使って貼りめぐらしているものがある。しかし形は同じであるのに、北陸の四隅突出型は石を使っていない。特徴的な墳墓として弥生時代中期から後期段階にかけておこなわれた墓制である。

島根県の西谷(にしだに)三号墳丘墓は最長辺が約五〇メートルを超える二世紀後半頃に築造された大型の四隅突出型墳丘墓である。墳頂部に四基の主体部と六個の土壙があり、その中心の主体部上から復元すると二百個体以上の葬送の祭り用の土器が発見された。しかもそこからは出雲の土器とともに吉備の土器が供献されている事実が確認されたのである。

吉備型の土器は立坂型の特殊器台、特殊壺形土器と呼ばれる、高さが一メートル以上になるようなもので、二十個体ほどふくまれていた。この特殊器台と壺の胎土分析をした結果、西谷三号墳丘墓の土器群の胎土はいずれも瀬戸内海沿岸の岡山地方の土だったことがわかり、吉備地方から日本海沿岸の島根県に運ばれたことが判明した。弥生終末期における吉備と出雲地方の首長同士の政治的な連繫関係が浮かび上がってくる。

さらに最近の報告によれば、西谷三号墳丘墓に埋葬された数百個の土器のなかに、北陸の福井県の壺や高杯・器台も発見されている。つまり北陸地域の首長も、西谷三号墳丘墓の葬送に関係していたと推定できる。

出雲に吉備地方の土器があるということは、吉備地域の人たちが日本海沿岸にまで移動しているという証拠である。この西谷三号墳丘墓の土器と同じ特色を示す立坂型の特殊器台、特殊壺は、岡山県倉敷市の楯築(たてつき)墳丘墓からも出ている。しかし三世紀になると吉備系土器の出雲への搬出はなくなり、

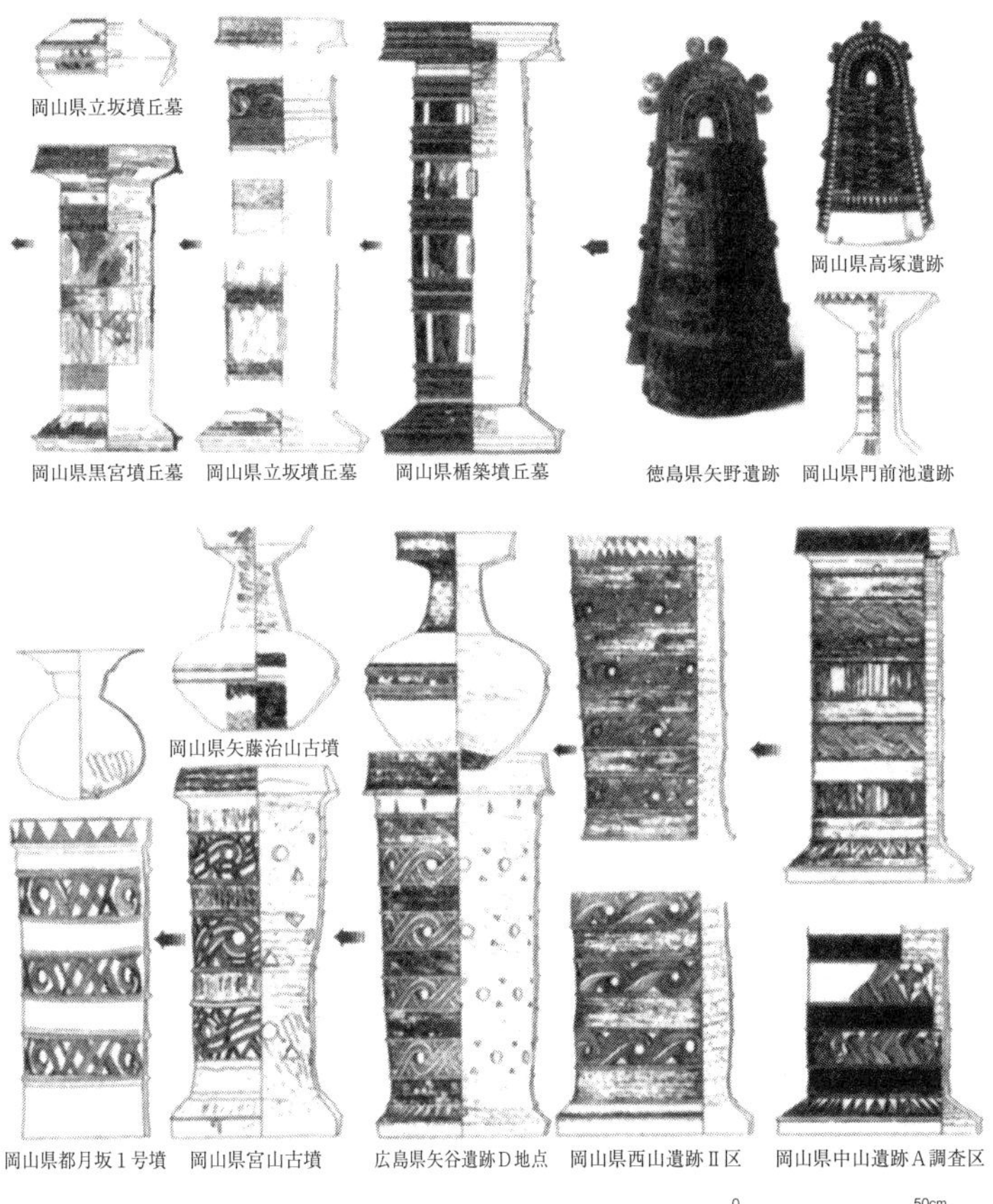

銅鐸から特殊器台へ（寺沢薫「首長霊観念の喪失と前方後円墳祭祀の本質——日本的王権の原像」『古代王権の誕生』１、角川書店、2002年より）

畿内系土器の流入が顕著となり、庄内式、布留式土器が認められる。これは畿内すなわち大和政権との関係が一層強固になった姿をあらわしているのであろう。

奈良県の桜井茶臼山古墳や中山大塚古墳、橿原の弁天塚古墳、その他いくつかの前期古墳から、特殊器台と特殊壺の破片が出ているので、三世紀前後の時代には、奈良と吉備、そして山陰の出雲、北陸とは、葬送を通じた関係性が認められる。

これを政治的な波及とみるのか、経済的な動向とみるのか、さらに従属関係をもよく見きわめる必要がある。

以上のようなことから考えると、弥生の終末から古墳出現の時期に、広範な日本海沿岸の地域をふくめた山陰、北陸、大和の地域連合がつくられ、そのなかから、大和盆地の権力者が大和政権を立ち上げたのだという推測も成り立つ。そういう意味からも、西谷三号墳丘墓などの四隅突出型墳丘墓は問題の古墳といえる。

また同じ島根県でも、東部と西部とでは、墳墓の形態や畿内系の土器の流入に違いが認められるのだが、このスピードや広がりも分析する必要があるだろう。

弥生時代が終わりを告げて、つぎの古墳時代に移行する際に、出雲東部の地域には、四隅突出型の弥生の墳丘墓がありながら、塩津山（しおつやま）古墳、大成（おおなり）古墳、造山（つくりやま）古墳など方墳系列の前期古墳、畿内系の竪穴式石室や鏡を相当量もつような畿内的な性格をもつ古墳が出てくる。

ところが、同じ島根県でも西部では西谷三号墳丘墓のあとにつづく古墳時代にはめぼしい古墳が見当たらない。同じ出雲であっても、畿内勢力と出雲東部、畿内勢力と出雲西部との交流関係には、どうも差があるように思えるのである。出雲・吉備と畿内勢力との関係性が問題で、出雲東部地域の首長層がより早く畿内政権と密接な政治的関係を持ったからであろう。

また出雲には朝鮮半島の三韓系の土器が入っていることも知られている。朝鮮半島の西海岸全羅南道などとの交流もあったのである。当然、北部九州の土器も青銅器も来ている。祭りの型式なども北九州と関係があったということである。

しかもこれらの墳丘墓には、鏡がいっさい認められないのが特徴だ。大和の古墳などから多く出土する三角縁神獣鏡を多く副葬する黒塚古墳や椿井(つばい)大塚山古墳などの埋納形態とは一線を画している。

このことから出雲は、三角縁神獣鏡が登場する以前に、墳丘墓から前方後円墳への質的な変化を遂げていたと考えざるをえないのである。

大阪湾沿岸に出現した古墳文化

北部九州、出雲、東海、関東と、土器が激しく動くなか、瀬戸内東部の古墳はどうなっていたのであろうか。筆者は大和政権誕生の背景にある古墳文化が成立するためには、河内、播磨、吉備という大阪湾沿岸から瀬戸内の地域がかなり重要な役割をはたしていたのではないかと思っている。

大阪の八尾(やお)市久宝寺(きゅうほうじ)遺跡では、調査の過程で、方形周溝墓のなかに前方後方形の周溝墓なども出現している。

大阪市平野区にある加美遺跡は、工業団地を造成するために発掘調査された遺跡だが、ここからは二メートル近い低墳丘の方形プランをもった墳丘墓が発見された。弥生時代中期後半の墳丘墓である。低地のところに造られた長方形のもので、かなりの土量を盛り土したものだが、そのなかから、二十三例の木棺墓の埋葬遺構が見つかり、ひとつの墳丘墓に二十三人もの人物がつぎつぎに埋葬されていることがわかった。ここは弥生中期後半の村落のなかでも有力な首長とその一族の墓で、家族も同時に葬られているという理解がされているようである。

このような墓制が弥生時代中期後半から後期にかけてどのように変化していくのか。こういう有力な首長の家族墓的な性格をもった墳丘墓が、特定の有力な首長のための独立的な墳墓に展開していく過程が、まだ明快に解き明かされてはいない。

加美遺跡には、いわゆる庄内式土器の出土する方形周溝墓と、布留式土器の出土する方形周溝墓が合計四十六基も集中している。

例えば第十四号方形周溝墓は、明らかに前方後方型の周溝墓である。まわりに不整円形の堀がめぐらされ、前方部の前端のところが壊されていて墳型は不明である。全長一六メートルとそれほど大きくないが、ここから出てくる土器は布留式でも古い段階の土器で、おそらく布留０式に相当するのではないかと考えられる。加美遺跡には、こういう墳墓群もあったということである。

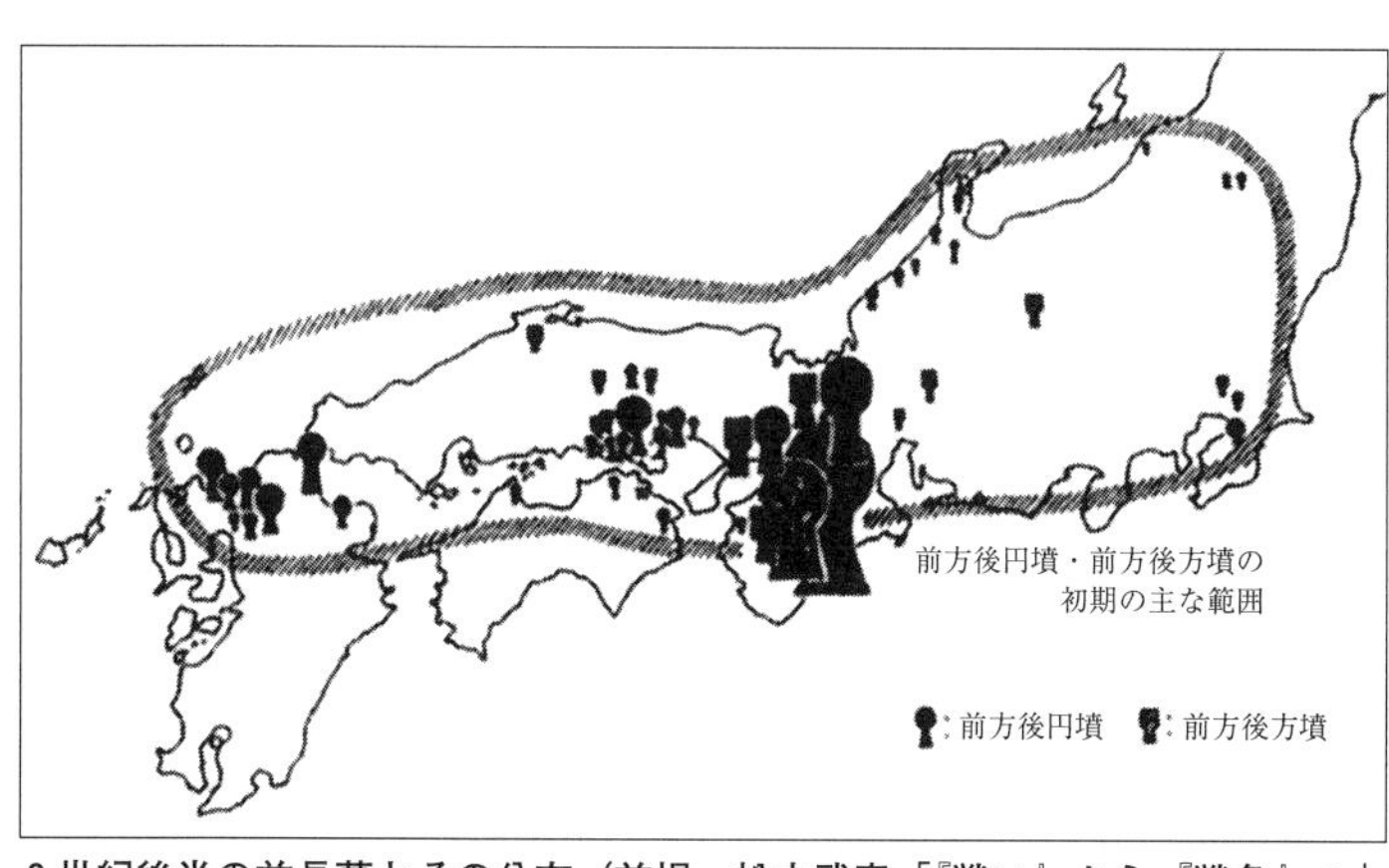

3世紀後半の首長墓とその分布（前掲、松木武彦「『戦い』から『戦争』へ」より）

そして加美遺跡に、ある特定の有力な人物を葬る立派な墓制が登場してくる。加美の村落社会のなかで有力な人物の墳墓は大型化したり、前方後方化してくるわけである。十四号墓が布留式の古相の築造だとすれば、その年代は、箸墓古墳の出現の時期とほぼ併行するかもしれない。

いずれにしても、大和盆地に近い大阪湾沿岸の弥生時代の集落において、布留０式の時期にこういう前方後方型の周溝墓が、方形周溝墓群のなかから出現している。

そして時代が下ると、内行花文鏡の破片（破鏡）が二号墓から出てくる。一号方形周溝墓からは朝鮮半島南部の、伽耶の陶質土器なども出てくるのである（『邪馬台国時代の摂津・河内・和泉と大和』ふたかみ邪馬台国シンポジウム８）。

六甲山南麓の古墳は何を語るか

神戸の六甲山の南麓には、阿保親王塚古墳、ヘボソ塚古墳、東求女塚古墳、処女塚古墳、西求女塚古墳など五基の中核となる古墳が並ぶ。日本の古墳を研究するうえで忘れてはならない古墳群である。特に神戸市灘区の西求女塚古墳は、石室の石材が、地元のものだけでなく、阿波や紀伊などからも運ばれていることがわかっている。しかし、地元の土器は出土していない。祭祀に用いられた土師器には山陰系の特徴をもつものが出土している。このことから、この古墳の被葬者は山陰や四国・南近畿などの諸地域と深い交流をもっていたことが推察されている。

西求女塚古墳は、町の公園として保存されているが、前方後方墳であったことも、重要な鏡が多数出土していることも、訪問者にはよくわからない。重要古墳としての整備が望まれる。

そして神戸市東端の芦屋川の西側に、深江北町遺跡のような、庄内式土器の時期にあたる円形周溝墓が出現してくる。この遺跡は弥生中期から平安時代までの複合大遺跡で、小さいもので七メートル、大きいものは一一メートルくらいの十一基にもおよぶ庄内期の円形周溝墓が並んでいる。周溝墓には幅七〇センチメートルから、広いところで約二メートル程度の溝がめぐっている。この周溝墓の半分以上の溝には墓域と外域とをつなぐ土橋ができている。

周辺の伊丹市、豊中市はじめ、淀川流域の摂津にはこういう円形周溝墓が集中している。そしてここにはやがて、前記の西求女塚古墳という、古いタイプの前方後方墳が登場してくる。この古墳の後方部北東裾部からは、畿内系の口縁部に円形貼付文がない二重口縁の壺が出土している。そして、後円部墳頂部からは鼓形器台と有稜小型丸底壺が出土した。

鼓形器台は、典型的な出雲系の土器である。出雲で作ってここまで運ばれてきたと考えるか、出雲の土器工人たちが、こちらで作ったと見るか、さまざまな考え方はあるが、まだ証拠となるような発掘はない。しかし器台そのものは出雲のものであることはたしかである。摂津西部の首長は、出雲ともかなり関係が深かったと考えられる。箸墓古墳からも宮山型・都月型特殊器台が出ているので、箸墓古墳に葬られた主は、これらの地域の人びととも関わりがあったのかもしれない。

古墳成立の社会的・政治的条件

箸墓古墳の築造年代を示す土器型式は布留0式と呼ばれている土器である。この時期に大阪平野でも山陰・出雲系の庄内式や布留0、布留1などの型式をもった土器があらわれている。これは、邪馬台国問題を考える場合、見逃してはならない事実だろう。

布留式の段階ということは、紀元三〇〇年前後の時期ということであるが、箸墓のある奈良県の纏向遺跡を発掘すると、大和盆地以外の土器が出てくるということは以前から報告されていた。このことは後に詳しく触れるが、尾張、美濃、三河、関東の東海道筋の土器も、一〇パーセント程度出ている。全国各地の土器が纏向の地域に集まってきている。その背景にあるのはなにかということが問題だ。

さらに東方に目を転ずれば、岐阜県養老町の象鼻山一号墳という前方後方墳がある。一四二メートルの象鼻山上に立地する本古墳はすでに三ヵ年にわたる学術調査がおこなわれ、築造年代は、墳丘出土土器などから東海地方の廻間Ⅲ式＝布留０式土器に併行する時期と考えられるという。奈良県箸墓古墳とほぼ併行する年代として三世紀の中葉からむしろ末葉頃と比定されている。

この地域では象鼻山一号墳につづいて、愛知県犬山市東之宮前方後方墳が出現する。全長七二メートルの四世紀初頭の前期前方後方墳で、ほぼ全面に葺石が存在する。一九七三年の発掘で竪穴式石槨が見つかり、石槨側北側に小石室があった。そこから三角縁神獣鏡四面をふくむ十一面の鏡が出土している。石製品のほか多くの鉄製品・玉類が発見されている。

また象鼻山古墳に先行する弥生時代後期の墳丘墓が岐阜市金華山の尾根上の瑞龍寺山上に数基存在している。弥生後期前半の墳丘墓と推測されているが、地山を穿った土壙墓で内行花文鏡の出土が報告されている。

やがて三世紀後半になると、濃尾地域においても前方後方墳や前方後円墳が登場してくる。

愛知県埋蔵文化財センターの赤塚次郎氏は、愛知県廻間遺跡と西上免遺跡の調査成果を基礎に、前方後方墳にA・Bの二型式があり、四五メートルという数値を目安に、より小型例をA型、より大型例をB型として前方後方墳論を展開した。列島内の前方後方墳は九州地方から東北地方岩手県まで分布しているが、各地域における前期古墳にAの多いことが判明している。現今では全国に約五百基の前方後方墳の分布が知られているが、愛知県を中心とした濃尾地方にはとくに分布の多いことを指摘して、前方後方墳発祥の地と主張する研究者もいる。

それにしても、弥生時代墓制のなかの方形周溝墓の存在は大きな比重を占めている。前方後方形周溝墓から前方後方墳への系列を認める立場に立つと、濃尾地方を前方後方墳成立の地と無条件に承認するわけにはいかない。列島内の各地でほぼ同時に後方部を高くし、前方部を拡張する威勢行為が進行することもありえたのではないかと思う。

琵琶湖周辺でも瀬戸内海沿岸地域・日本海沿岸地域でも古墳成立の社会的・政治的な条件は刻々と整いつつあったように思われる。その時期はほぼ全国的に三世紀代のことと推測され、その前半期がもっとも変革の大きい激動の時期であったのではなかろうか。

沼津の前方後方墳と朝鮮半島系の鏡

二〇一〇年春に発掘がおこなわれた静岡県沼津市にある高尾山古墳（調査当時は辻畑古墳）といわれる前方後方墳は注目すべき古墳である。発掘調査報告によると、舟形の割竹形木棺から、斜縁の破砕船載鏡（浮彫式獣帯鏡）が一面と、剣・鉄鏃などの鉄製品が若干出てきた。

この種の鏡は、出現期の古墳に副葬されている三角縁神獣鏡より前に、朝鮮半島の地で製作された可能性が高まっている。あるいは楽浪郡経由で入ってきたとなると、邪馬台国論にも影響を与える。さらに、発掘された鏡など副葬品からも、高尾山古墳は駿河で一番古い古墳だろうと推測される。

この高尾山古墳の後方部の墳頂や周壕内からは相当量の土器が発掘された。外反する幅広の口縁部に、縦に隆起線が何本かつけてある二重口縁の壺形土器がかなりふくまれていた。この土器の型式をどうとらえるかによって高尾山古墳の年代が推定される。

また、二重口縁の壺形土器の口縁部が逆転して、下のほうに落ちている場合もある。静岡県の考古学研究者は、この土器に大廓（おおぐるわ）式土器という型式名をつけている。

この土器は、二〇〇〇年頃までは、弥生時代と古墳時代の境目にあたるものといわれてきた。全国の土器編年でみると、筆者は古墳時代前期初頭の土器である土師器だと考えているのだが、この大廓式土器について、赤塚次郎氏は、尾張地方の廻間式土器との関連から「この土器は廻間Ⅱ式で、二三〇年だね」と断定した。

もしも赤塚次郎氏の土器編年による暦年代が正確だとすると、邪馬台国の卑弥呼は二四七か二四八年に亡くなっているので、卑弥呼の生きていた時代に沼津には六〇メートル前後のかなり立派な前方後方墳が登場し、斜縁の浮彫式獣帯鏡のような朝鮮半島系の鏡も存在していた、ということになる。

私たちは、中央の文化は徐々に地方に影響をおよぼし、伝播するものだと理解してきたが、まちがいなのかもしれない。古墳の出現は中央の畿内からだけでなく、全国各地域でも政治的、経済的な諸条件が整えば、その地域に出現する可能性はじゅうぶんにありうるのではないか。

このように考えれば、前述の高尾山古墳で大廓式土器が出土し、三世紀初頭頃の前方後方墳が発見されたことは少しもおかしいことではない。

もう少し尾張・遠江・駿河などの考古学資料の精緻な分析の結果を待たなければならないことは言うまでもないが、高尾山古墳は、邪馬台国時代の見方をとらえかえす契機になるかもしれない。

土器と人間の激しい移動

こうして土器の動きや墓の変遷を追いかけてみると、二世紀から三世紀の日本社会の変化の動的要因には、邪馬台国問題が少なからず関わっていると思える。しかしそれが商業的な経済活動の結果によるものなのか、あるいは戦乱によるものか、考古学的に実証するのは無理なようにも思われる。

ただ、畿内のほうが古くて、先進的という理解、つまり大和政権の成立地であるから中央が優位で地方が劣勢という従来の理解は、改める必要がある。最近の土器の型式論、編年論、他地域の土器の移動、人間集団の移動等を総合的に考えると、弥生時代の終末期は、日本列島内で土器が地域間でかなり激しく動いていたということだけはまちがいなく言えるのである。

関東では、荒川流域の武蔵野台地のいちばん縁辺にある、成増（なります）、赤塚、赤羽に至る地域から弥生後期の住居跡がたくさん発掘されている。ここから遠江地方の弥生土器が出土している。東京都新宿区の、長径一一〇メートル、短径九〇メートルくらいの、やや楕円形の堀を巡らした弥生時代後期の大環壕集落である下戸塚（しもとつか）遺跡からも、大井川を越えて東海地方西部の土器が見つかった。他にも、東海や北陸地方の特色をもった土器が相当量出ている。

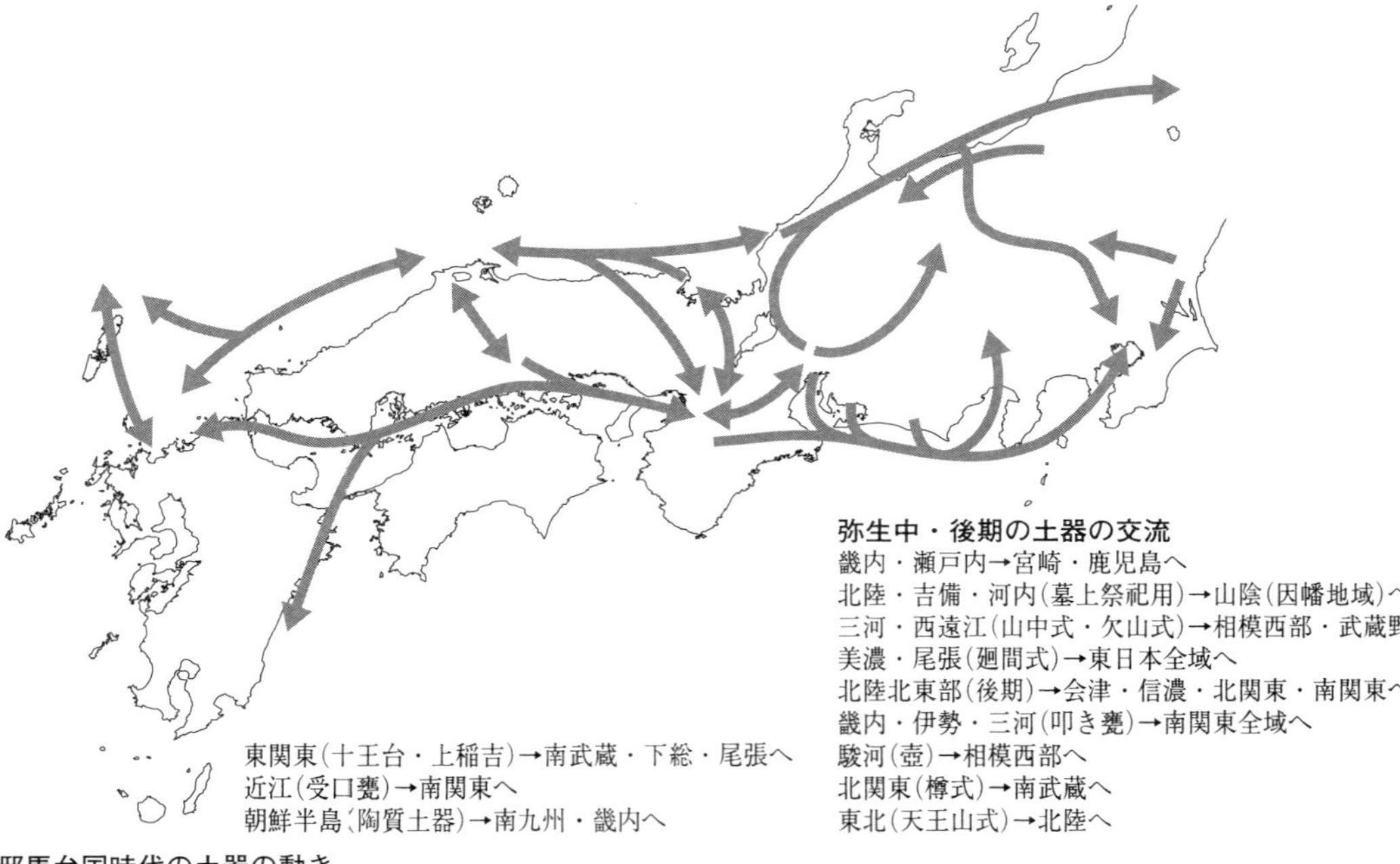

邪馬台国時代の土器の動き

また口縁部の断面（の形）が「S」の字に似ていることで付けられたS字状口縁台付甕形土器という特徴のある東海西部の土器が、群馬、埼玉、千葉、神奈川、東京にも入っている。北陸系の土器も南関東の土器も下野（しもつけ）の土器も入ってくる。千葉県の竪穴住居跡から石川県の土器そのものが出てくる。神奈川県を中心に分布している朝光寺原（ちょうこうじばら）式土器には櫛描き（くしがき）施文具（せもんぐ）を使った波状の文様が施されているが、この文様は、長野市の箱清水（はこしみず）の土器と関わりがある。長野県や群馬県での系統にある箱清水式、樽式、岩鼻式土器が出土している。また信濃の文化が、北関東の群馬や神奈川県の西部まで大きな影響を与えているのである。

また茨城県の水戸、ひたちなか市からは、こまかい縄文を多用した土器群、附加条縄文土器の東中根式土器群が出土している。千葉県の印旛沼周辺では、佐倉市に臼井南という遺跡があり、この遺跡から出土した臼井南式土器は茨城県や東関東と関連があるということがわかってきた。印旛沼周辺地域には、西の東京湾岸からも、茨城、群馬方面からもモノのかなり激しい動きが認められる。福島県浜通りから会津地方にも東海系や北陸系の土器が多く運ばれている。このことは、土器とともに人びとのまとまりが地域内を移動していることを示していて、かなり激しい動きであったことが推察される。

西遠江、東遠江といった東海地方から関東に向けて、いくたびかおこなわれた大きな集団移住。これもまた平穏な社会とは思えない。この頃、日本列島のなかで、何かがあったと考えられる。その背景には、一八〇年代の倭国の大乱で卑弥呼が共立されるという列島内の内乱状況があったのではないか。

「卑弥呼死す」頃の土器

邪馬台国時代の最近の発掘調査を見ると、各地がほぼ同時進行のかたちで時代が刻々と移っていたのだと考えられるようになった。

弥生後期後半から終末にかけて、地域的斉一性、つまり畿内的、いわば中央日本的な土器の特色は、各地へ拡散し広範囲に伝播していく。弥生終末期には、畿内の庄内式土器などが瀬戸内から北九州地方へ大量に運ばれている。

また群馬県富岡市には中高瀬観音山（なかだかせかんのんやま）遺跡があるが、この標高六〇メートル以上の丘陵の上に弥生後期・終末期の集落があり、そこの住居はほとんどが火災にあっていたことがわかった。

そういう弥生後期・終末期の村落のありかたは、はたして出雲をふくんだ西日本の世界だけで終わるのか否か、あるいは関東をふくまない東海以西に統一性があるのかどうか、私たちはそれを考えなくてはならない。

先に述べた愛知県埋蔵文化財センターの赤塚次郎氏のように、方形周溝墓から前方後方墳へ展開したとし、尾張地域中心の弥生土器が土師器に展開したとする説もある。S字状口縁台付甕形土器の拡散、伊勢湾沿岸地域の特色をもった土器の広がり、前方後方形周溝墓制の強力な拡大などを論拠とし、独特の文化、社会体制の地域があったとして、尾張を狗奴国と考える説もある。ひとつの仮説としては面白いと思うが、断定できる段階ではないだろう。

これまで見てきたように、弥生時代後期後半の社会が示す文化的な領域を考えれば、列島の広汎な地域を包みこんでいたと理解すべきではないか。

また朝鮮半島の土器が、北部九州だけではなく、瀬戸内、畿内、関東からも出ている事実も押さえておかなくてはならない。東日本からも朝鮮半島の土器が出ているのは、二世紀から三世紀、邪馬台国が登場する時期の日韓関係、日中関係が活発だったことを物語っている。

しかも、これまでわれわれは北部九州こそが大陸との人やモノの受容の入り口だと考えてきたが、朝鮮半島から直接日本海沿岸にいたる交通というものも考えられる。

邪馬台国の勢力範囲を考えるとき、その事実を抜きにしては語れない。非常に複雑化していたというように考え方が変わりつつある。

纒向遺跡への土器の流入は最大規模

さて卑弥呼の宮殿跡が見つかったと話題になった奈良県の纒向遺跡には日本列島内の各地から、人とモノが集まっている痕跡がある。しかも、他地域からの土器の流入は日本最大規模だ。

纒向遺跡の発掘に携わっている桜井市教育委員会の報告によると、多数の搬入土器（外来系土器）の割合は、大和の土器が八五パーセントであるのに対して、一五パーセントもある。一五パーセントの外来系土器のうち東海系が四九パーセント。山陰・北陸系が一七パーセント。河内が一〇パーセント、吉備が七パーセント、関東が五パーセント、近江が五パーセント、西部瀬戸内が三パーセント、播磨が三パーセント、紀伊が一パーセントとなっている。東海地方のものが多い。

大和の纒向遺跡と東海地方との人やモノの交流はかなり色濃い。しかし、山陰や北陸などとも関係があることがわかる。そして纒向遺跡も時代が新しくなるにしたがって、外来系の土器の比率が高くなってくる。

弥生後期後半になると東海だけでなく、山陰、北陸、河内、近江の土器が増えてくる。ということは、広範囲で人の往来が激しくなってきたことの証である。

ところがいま見てきたように、日本各地でつくられたと思われる遺物が出土しているにもかかわらず、九州の土器はほとんどない。これはなぜなのだろうか。

土器の流れで見ると、近畿地方から吉備、瀬戸内を通って北部九州に広がっていく。それから、琵琶湖沿岸を通って山陰へ。あるいは近畿から東海地方を通り、海岸伝いで千葉県、東京、埼玉へ入る。

二世紀後半から三世紀代、まさに、邪馬台国の時期に畿内の庄内式土器や布留式土器が、吉備の土器、山陰の土器とともに、福岡平野、かつての奴国のあった地域に運ばれている。しかし、数のうえでは圧倒的に庄内式と布留式土器が他の土器を凌駕（りょうが）している。この庄内式土器、布留式土器の北部九州の集中度をいったいどのように理解すればいいのか。

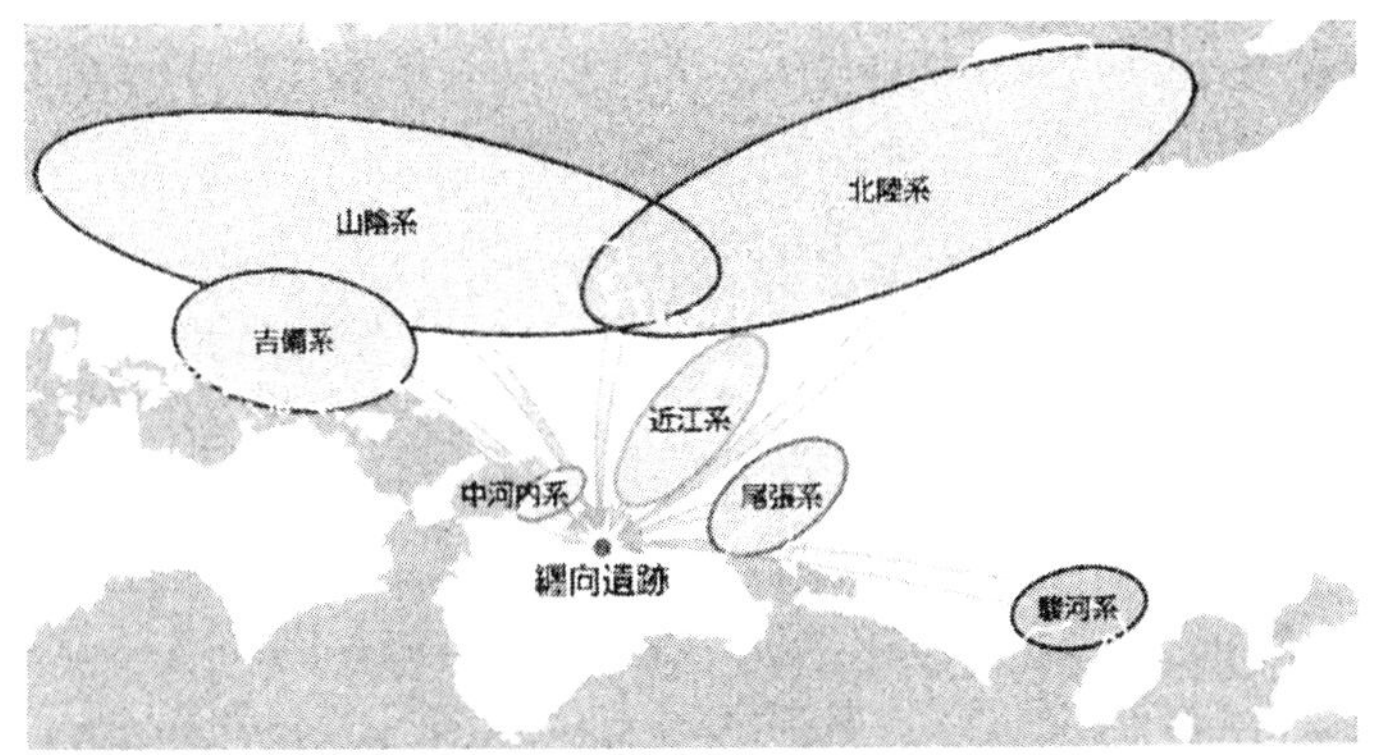

纒向遺跡への土器の集中（橿原考古学研究所附属博物館）

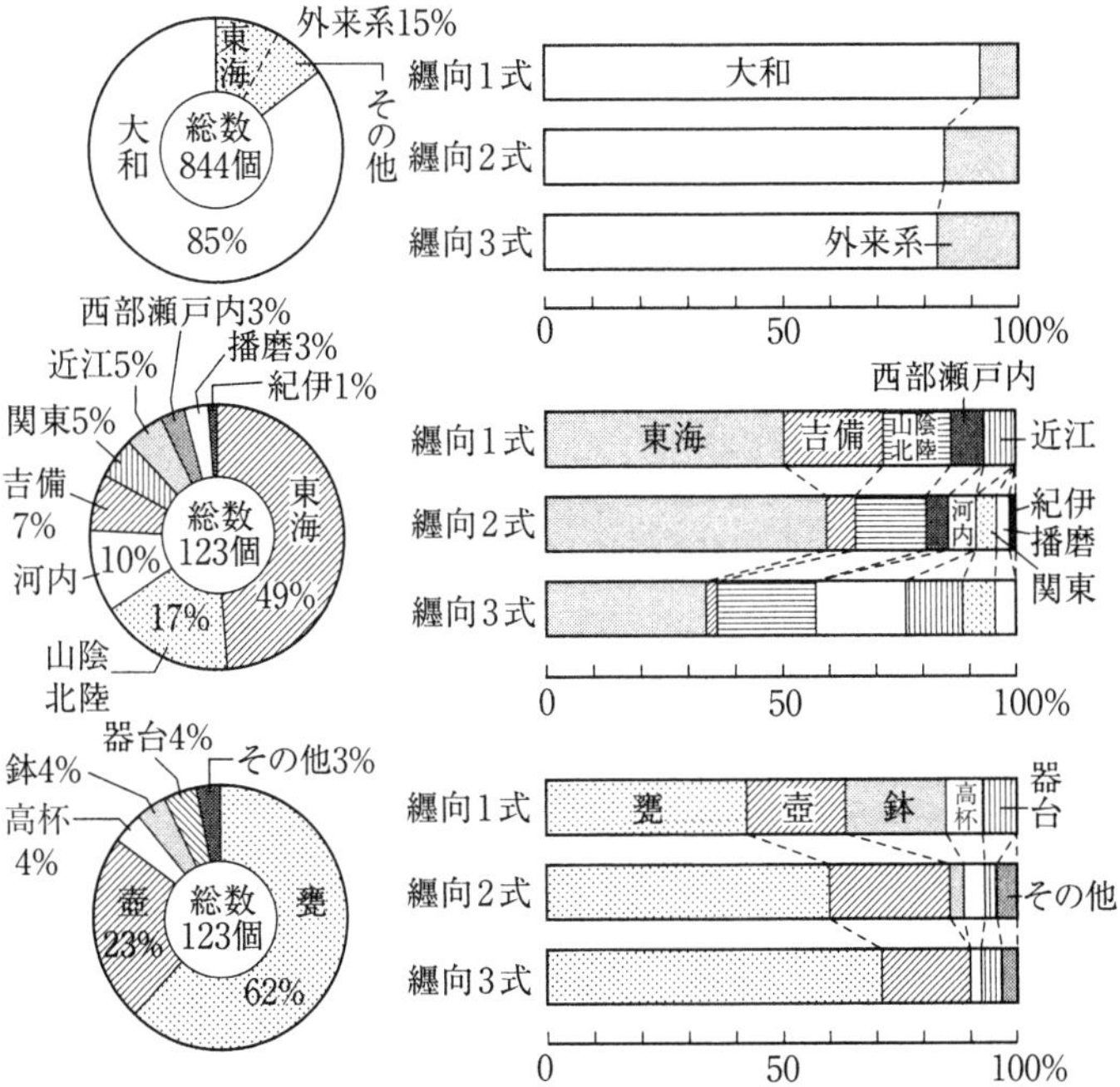

外来系15%
東海
その他
大和
総数
844個
85%
纒向1式
纒向2式
纒向3式
大和
外来系
0
50
100%

西部瀬戸内3%
播磨3%
近江5%
紀伊1%
関東5%
吉備
7%
河内
10%
総数
123個
東海
49%
17%
山陰
北陸
東海
吉備
山陰
北陸
西部瀬戸内
近江
河内
紀伊
播磨
関東

器台4%
その他3%
鉢4%
高杯
4%
壺
23%
総数
123個
甕
62%
甕
壺
鉢
高杯
器台
その他

纒向出土外来系土器の比率（石野博信・関川尚功編『纒向』）

土器の移動や集中と、邪馬台国の所在とは関係ないという考え方もあるが、こういう土器のありかたを見れば、この時代には九州よりも畿内が台風の目であると言わざるをえないのである。

それを裏付けるように、纏向の箸墓古墳の墳丘からは、台風で倒れた木の根元から、岡山地方の特殊器台や特殊壺と同様の特徴をもつ器台や壺が、多くの供献された土器とともに出土した。その岡山地方の特殊器台はさらに、倉敷市楯築(たてつき)墳丘墓と、出雲市の西谷三号という四隅突出型墳丘墓との関係の深ささえ論じることができるほど共通した特色を示していた。

この事実は、日本海沿岸の出雲・伯耆(ほうき)・因幡(いなば)などの山陰地方と、備前・備中と播磨、摂津という瀬戸内地方との関係の深さを示す。このような、広範な地域における弥生社会からの交流と発展状況を見ていけば、箸墓古墳が出現する歴史的背景として、山陰・北陸地域と瀬戸内沿岸の備前・備中から播磨、摂津という広汎な地域の歴史的な動態と密接な関係が結ばれていた事実が浮かびあがってくる。この点を克明に解き明かしていけば、おのずと邪馬台国の実像が見えてくると思われるのである。

第六章　箸墓＝女王卑弥呼の墓の可能性をさぐる

纒向遺跡は邪馬台国の遺跡か

前章で見てきたように、土器の集中度から見て、かなり中心的な存在であったように思える纒向遺跡は、邪馬台国の都としてどれだけ蓋然性を備えているのか。また箸墓は卑弥呼の墓としての条件をどの程度備えているのか。本章ではそうしたことを検討してみたい。

纒向で見つかった宮殿らしき建物が庄内３式期のものとすれば、卑弥呼の年代とは合致する。そうであるなら、その年代設定は正しいのか、そして邪馬台国の都と考えるだけの根拠が他にあるのかが問題になってくる。

宮殿らしき柱穴が見つかった場所はＪＲ桜井線巻向駅のすぐ西側だ。ここから南に約八〇〇メートルのところに箸墓がある。箸墓からわずか八〇〇メートルという位置関係にある宮殿遺跡からは、いまのところ銅鐸の破片が二例発見されているのみ。弥生時代の集落は発見されておらず、環壕も検出されていない。

つまり纒向遺跡は銅鐸の祭りのおこなわれていた時期の後、庄内式土器の出現する頃に形成されはじめたということがわかるのである。そしてその最盛期は、三世紀終わり頃から四世紀初めにかけて、つまり最近の弥生の実年代の認識では古墳時代前期頃までつづいていたと考えられる。

土器の年代で言うと、庄内式土器が終わりを告げる三世紀の中頃過ぎまでが纒向前期。つぎに布留式土器が出現し、遺跡が広がっていったのが纒向後期である。

この年代は、わが国最初の王権である大和王権のはじまりの時期と重なっている。まさに邪馬台国時代のまっただなかに栄えていた場所だといえる。

桜井市教育委員会の発表によると、纒向遺跡で確認された建物跡は、南北一九・二メートル、東西六・二メートルにわたって柱穴が並んでいる大きなもので、さらに西側、のちに造られた溝によって切られている部分にも同様の柱穴があったという判断がなされた。その規模は東西幅一二・四メートルであったと推定されている。

建物の規模は、床面積約二三八平方メートル。高床式建物で、高さは約一〇メートルと推定された。これは、九州の吉野ヶ里遺跡（佐賀県）の最大の建物の約一・五倍の大きさである。さらにこの建物跡の西側には、過去の発掘調査によって二棟の建物跡が確認されており、今回の建物とその二棟は、東西方向に計画的に配置されていたと推定された。このような計画的な建物配置は、纒向遺跡の存在した弥生の末期、古墳時代前期では、他に例のないものである。

この柱穴の発見によって、畿内の研究者を中心にした大和説の人たちは、邪馬台国は古墳時代と同時代であり、大和にあったという解釈をより強く主張するようになってきた。

纒向遺跡が邪馬台国の中心と考えている兵庫県立考古博物館長の石野博信氏は、方位を合わせた構造は、中国の宮殿と共通していることから、卑弥呼は、魏の使者を迎えるにあたって外交交渉上、国の威容を整えようとしたのかもしれないとまで踏みこんだ推測をしている。

一九七八年に今回の発掘現場を調査した纒向学研究センターの寺沢薫氏も、儀式をおこなう特別な建物だったことは確実だとして、方位を一致させた建物群の計画性や西側に張り出した柵に注目している。

今回の発掘調査で、見つかったとされる四棟の建物跡について、桜井市教育委員会の橋本輝彦氏は、いま出ている建物はこれまでに出土した土層との関係や、土器の型式から推測して、西暦二〇〇年代、三世紀の中頃（庄内3式期）をふくめてそれ以前の遺構だと考えられている。これから年輪年代学や、いろいろな調査で年代測定は推移するだろうが、邪馬台国がらみの熱い視線は当分つづくだろう。

その前提として、一八〇年代のある時期に卑弥呼は共立され、正始八年の二四七年頃に亡くなったという「魏志倭人伝」の記載が桜井市教育委員会の人たちの念頭にあることはまちがいないと思われる。だから、三世紀前半の宮殿の跡と、東西軸線をともにした四棟の建物が出たと発表しているのであろう。

纒向遺跡の近くを幅五メートルの人工的な大溝が走っており、その大溝の末端は箸墓古墳の近くにまでおよんでいる。人工的に幅五メートルの溝が掘られた都市。さらに遺跡の西側のほうに、部材を廃棄した穴。こういう遺構、遺物を検証することは、纒向遺跡が古代に中心的役割をはたしていた痕跡であることの傍証になるだろう。この遺跡には農業用の大型水路や無数の土坑のなかに、祭祀にかんすると思われる遺物が多数投げ捨てられているという報告もあるようだから、そうであれば単なる集落遺跡ではなくなる。

ただ、少し慎重になったほうがいい。纒向遺跡から発掘されたB・C・D三棟の建物の柱穴の発見だけで、ここが邪馬台国の宮殿の所在地である、などと断定的なことがいえる段階にはないと私は思う。

今回の発掘調査で、桜井市教育委員会は、三世紀の中頃（庄内3式期）をふくめてそれ以前と発表しているが、吉野ヶ里遺跡を発掘した高島忠平氏は、この纒向の建物跡は四世紀であると主張している。

纒向遺跡を最初に掘った石野博信氏は土器を古く考え、一緒に発掘調査した関川尚功氏は新しく考えている。同じ遺構を取り上げても、人によっては三世紀の前半といい、他の考古学者は四世紀であるという。遺跡に対する考古学者の年代が一致していない。発掘した遺構の土層の層位識別を正確におこない、そして、土器の型式論のなかで、纒向遺跡から出る土器の年代、庄内式土器の実年代をどのように考えるかということが重要となる。

安本美典氏は、宮殿遺跡や箸墓の年代についても、邪馬台国時代ではなく、もっと新しい年代に位置づけられるはずであると手厳しい反論をしている。

研究者によって実年代がまちまちなのであるから、纒向遺跡が邪馬台国の女王卑弥呼の居館跡であるというようなことは、とても簡単に結論づけられるものではない。考古学上の事実と解析については、考古学研究者の一層の努力が必要だと思う。

考古学で得られたモノはウソはつかない。しかしそれを解析する段階で人間がかかわらざるをえないというところに、考古学の難しさがある。

纒向遺跡周辺の古墳の年代

纒向遺跡には、箸墓と同時期、あるいはそれより早い時期に造られた纒向石塚、勝山、ホケノ山、東田大塚など古墳時代初期と考えられる古墳がある。

次頁の図の右側中央付近は三輪山。すでに紹介したが、箸墓の神婚伝説に登場する第七代の孝霊(こうれい)天皇の皇女、倭迹迹日百襲姫命(やまとととひももそひめのみこと)の元へ毎夜通った男はこの三輪山の神の化身だった。

纒向遺跡はその神の山の北西に広がっているのである。

この纒向遺跡の北側に箸墓よりも大きな前方後円墳があるが、これは第十二代の景行(けいこう)天皇の御陵として宮内庁により治定を受けている渋谷向山古墳で、これまでは四世紀後半頃の築造と考えられてきた天皇陵である。倭迹迹日百襲姫の父孝霊天皇から数えて五代目。箸墓の築造が三世紀中頃からとな

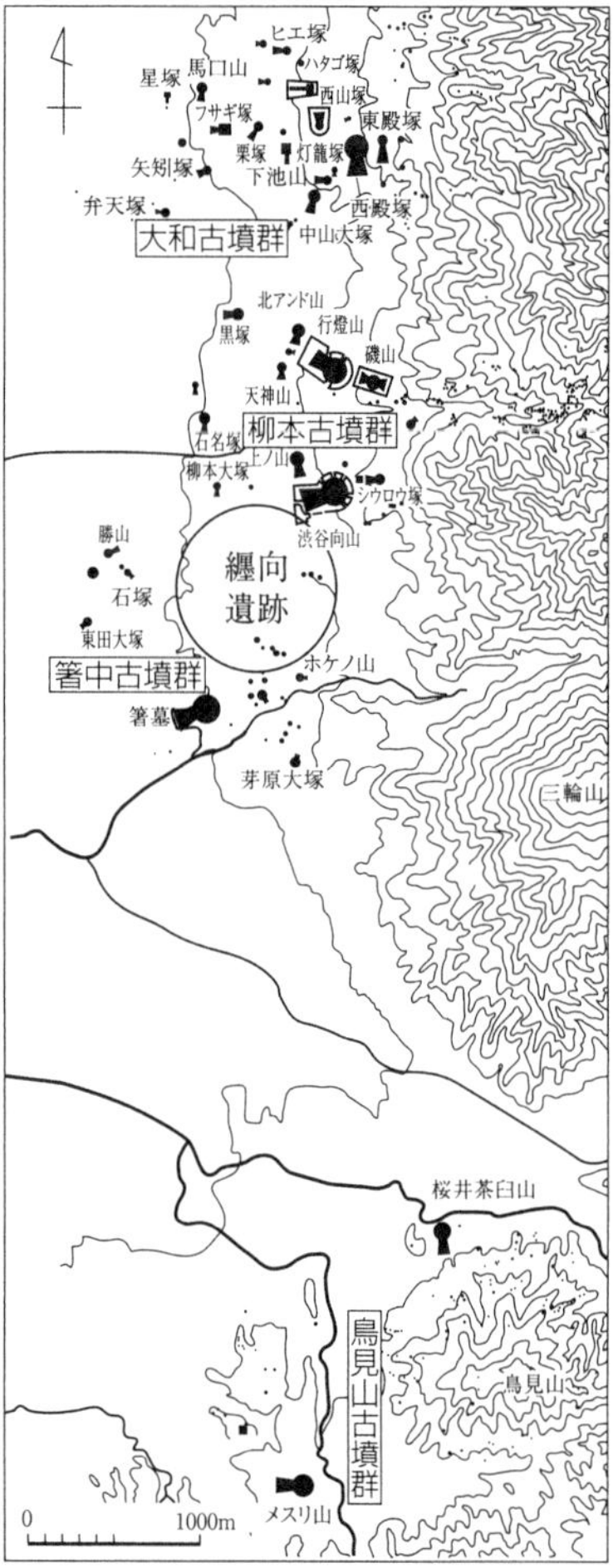

大型古墳の分布（纒向遺跡フォーラム、白石太一郎氏資料「邪馬台国からヤマト王権へ」より）

ると、四世紀後半の築造とされてきたこの墓の築造時期はどうなるのか。

いずれにしても箸墓をふくむこの纒向一帯が初期大和王権の発祥の地であることはほぼ疑いのないところであろうから、大和王権と邪馬台国との関係を解くためにも、纒向の古墳の実年代は、箸墓との前後関係を知るうえで重要な意味をもってくるのである。

ホケノ山古墳が示唆すること

纒向遺跡のなかでまず見ておきたいのは、先に画文帯神獣鏡のところで触れたホケノ山古墳の概要である。

奈良県立橿原考古学研究所と桜井市、天理市教育委員会でつくる大和（おおやまと）古墳群調査委員会が奈良県桜井市のホケノ山古墳後円部の中央部分を発掘調査したのは二〇〇〇年のことだった。

ホケノ山古墳の調査概報によれば、ホケノ山古墳は墳丘全長約八〇メートル、後円部径約六〇メートル、後円部高約八・五メートル、前方部長約二〇メートル、前方部高約三・五メートル。前方部を南東に向けてつくられた纒向型、またはホタテ貝形と呼ばれる墳丘をもっている。墳丘の表面には葺石（ふきいし）を設け、周囲には周壕をめぐらしている。

後円部中央に設けられた中心主体部は、石囲い木槨（もっかく）。わが国ではじめて確認された二重構造の特殊な埋葬施設で、木槨の周囲には、川原石を積み上げた石囲い石槨があった。

石囲い部分は、内法（うちのり）で長さ約六・七メートル、幅約二・七メートルで、高さは現状で約一・一メートル、本来の高さは一・五メートル程度と考えられた。その石囲いの内部に六本の添え柱に支えられた木槨があり、大量のバラスが敷いてあった。

木槨自体は、古墳が登場する前の二〜三世紀頃の弥生墳丘墓の一部に散見されるものであるが、もともとの起源は中国である。朝鮮半島の楽浪郡でも流行し、紀元前二世紀頃にすたれたとされているが、その後は朝鮮半島南部の三韓で採用された。

その木槨の内側には、長さ約五・三メートル、幅一・三メートルのコウヤマキ（高野槙）製の長大な刳抜（くりぬき）式木棺が南北方向に置かれ、内側には水銀朱が塗られていた。

ホケノ山古墳出土木材および木製品 AMS 測定結果
HOKENO-1（Beta-141087）較正年代（確率95%）cal AD 30 to 245
HOKENO-2（Beta-141088）較正年代（確率95%）cal AD 5 to 155
HOKENO-3（Beta-141089）較正年代（確率95%）cal AD 20 to 215
HOKENO-4（Beta-141090）較正年代（確率95%）cal AD 30 to 135
HOKENO-5（Beta-141091）較正年代（確率95%）cal AD 55 to 235
⇒3世紀に集中しているが誤差が40-50年あり、まだ不確実さが伴う。

14年代測定値と歴年代補正値（桜井市立埋蔵文化財センター資料による）

このコウヤマキ製の刳抜式木棺材は、棺の表面が焼かれ黒く炭化していたため、木棺北側の炭化部分の一角からサンプル五点を採取し、米国フロリダ州の専門機関に炭素14年代測定法による分析を依頼した。

調査委員会はこの数値をもとに、欧米と日本の自然環境の違いなどからデータを補正、木棺を加工した際に木材表面が削られていることなどを考慮して、伐採年を二世紀末～三世紀前半と推定。さらに鏡のところでも触れたが、副葬されていた鏡が、中国で二世紀末～三世紀初めに作られた画文帯神獣鏡だったことなどから、築造年代を三世紀前半と判断したようである。

『ホケノ山古墳調査概要』（二〇〇一）によれば、ホケノ山古墳の土器に付着していた炭化物をAMS（加速器質量分析法＝炭素14を直接数える）によって年代測定をした結果、表のような年代が得られたとする。ただこれらの数値の多くが三世紀の前半に集中してはいるものの、誤差が四十～五十年もあって、ホケノ山古墳の正確な年代とは言いがたい状況でもある。

何よりも問題とすべき点は、箸墓古墳に先行する石塚古墳やホケノ山古墳の纒向型前方後円墳の築造時期が三世紀前葉となり、箸墓古墳の登場が三世紀中葉前後の可能性が強くなったことである。つまり考古学的には古墳時代の開始年代が三世紀前半代にまでさかのぼることが確実となり、邪馬台国の時代が弥生時代ではなく、古墳時代のくくりに入ってきたことになる。この意義は大きい。

邪馬台国の女王卑弥呼の共立が二世紀後半、西暦一八〇年代後半とすれば、「魏志倭人伝」に記される倭と魏王朝との交流期間は、完全に古墳出現期に該当することになるからである。すなわち西暦二世紀から三世紀にかけて、とくに古墳時代前期、その初現期の日本列島内の考古学的諸状況こそが邪馬台国問題の解釈に大きな影響を与えることになる。

また調査委員会は、ホケノ山の木棺の表面が焼かれていたことから、炭化部分は木棺の側面にあたる場所なので、底面のように加工しているとは考えにくい、したがって、C14炭素年代測定に供した試料は、木棺外部の側面に位置し、あまり加工していない部位にあたると推定されるとしつつも、ただし、木棺側面が、表皮からどの程度削られているのかを正確に推定することはできないとしている。木棺などの木材が焼かれているのは、腐食を防ぐためとも考えられるが、そうだとすれば、なぜ木棺全体でないのかという疑問が残る。

また埋葬施設に使用された石材は、箸墓古墳をはじめ、周辺の前期古墳に普遍的に使用されている二上山（にじょうさん）周辺産の板石はふくまれていないことが報告されている。これらの情報を総合して考えると、箸墓よりもホケノ山古墳のほうが古い様相を呈している。築造年代は箸墓古墳よりさらに古くなると考えられるのである。

その他、木槨上にはさまざまな櫛描き文様で飾った二重口縁の壺形土器（祭祀用の壺）がほぼ一定の間隔で埴輪のように並べられていたと見られる。埋葬施設の石を積んで作った長方形の壇の周りに十一個ほど置かれていたらしく、木槨墓の腐朽とともに、石室内に転落して発見された。櫛描き文様を多用し円形貼付円板などの装飾をもつこれらの土器群は、布留0式の土器より古い時代の土器である。布留0式期の箸墓古墳より明らかに年代のさかのぼることを示している。

ところが、石室内から出土した小型丸底土器四個体が問題だった。この小型丸底土器は器形、技術などからみて「布留式土器」の範疇（はんちゅう）に属するように思われ、ホケノ山古墳の年代論に大きな影響を与えるものだった。小型丸底土器を庄内期からのものと考える立場と、時間的には庄内期よりおくれて墳丘に供献したものが石室内に転落したと考える立場との双方があり、これはホケノ山の築造年代を考えるうえでかなり重大な問題点だと思われる。

筆者自身は小型丸底土器の出現をはじめ、瀬戸内、中国地方の資料分析から推定すると、ホケノ山古墳の小型丸底土器は庄内期に登場していたとする立場をとりたいと思う。

これらの結果は箸墓の築造年代を考える際に、ひとつの示唆を与える。

つまりホケノ山古墳をはじめとする、石塚古墳や勝山古墳などの一連の纒向型前方後円墳が、箸墓古墳の前段階のものとすれば、箸墓の二四〇～二六〇年の築造の測定値もまちがいではないだろう、という見解になってくる。

これらの古墳の考古学的なデータとそれらの位置づけ、性格が整理されていけば、大和盆地において箸墓という大前方後円墳が出現してくる歴史的過程がもっと仔細に追究できると思われる。

勝山古墳の年代は三世紀初頭

勝山古墳は、桜井市大字東田(ひがいだ)に位置する、墳丘長約一一〇メートル、後円部径六五メートルの前方後円墳である。勝山古墳から出土した木製品でも年輪年代測定がおこなわれている。

勝山古墳出土木材年輪年代測定結果についての記者発表資料（二〇〇一年五月三十日）によると、くびれ部付近周壕埋土中から、墳丘側から一括投棄されたような状態で約二百点の木材および木製品が出土したとしている。遺物は、周壕底面から三〇～五〇センチメートル程度浮いた状態で出土しており、墳丘築造後墳丘上でおこなわれた何らかの祭祀で使用された後、一括廃棄されたものと考えられた。

その木材のうち年輪年代測定された五点の結果が公表されている（次ページ表）。

このうち伐採年代を推定することが可能なものは一点（心材型は木材の中央部分にあたるため伐採年代を推定するには誤差が大きいとされる）、他の資料は約七十年から百年ほどの年代差があるようである。

この年代測定結果はいずれも二世紀。勝山古墳の墳丘上で執行された祭祀の年代は、推定伐採年代

勝山古墳出土木材および木製品年輪年代測定結果

資料No.	調査次数	遺物No.	部材名	樹種	年輪数	年代	形状
1	第4次	132	板材	ヒノキ	109＋1	198＋1A.D.	辺材型
2	第4次	204	柱材	ヒノキ	115	131A.D.	心材型
3	第2次	104	柱材	ヒノキ	191	129A.D.	心材型
4	第4次	172	板材	ヒノキ	120	129A.D.	心材型
5	第4次	160	断片	ヒノキ	176	103A.D.	心材型

橋本裕行「勝山古墳第四次発掘調査概報」（『奈良県遺跡調査概報二〇〇〇年度』奈良県立橿原考古学研究所、2001年より）

よりも古くはならないから、資料No.1の198＋1A.D.が築造年代として考えられるわけである。

しかし橿原考古学研究所の方でも、資料No.1の推定伐採年代が、そのまま勝山古墳の築造時期を示しているのかといえば、そうではないと記している。木材の伐採から製材、加工にかかる時間幅および、使用から廃棄にいたる経緯やその間の時間幅をも考慮する必要があるが、それを極端に長く見積もる必要はないものと考えられる、としている。

さらに報告書は、一九八九年（平成元）、近くの石塚古墳周壕内から出土した板材の年輪年代測定結果にも触れている。

この勝山古墳の南東約二〇〇メートルにある石塚古墳でも南北両側の周壕内、くびれ部付近から、建築部材・農耕具・祭器（弧紋円盤）・朱塗りの木屑片等が多数出土している。

出土した板材一点も推定伐採年代には177＋？（？≒20）年という測定結果が出た。

これら木製品と一緒に出土した土器から見ると、勝山古墳の土器も、寺沢編年の布留0式期、石塚古墳の場合も、布留0式期である。

これはじつに重要な結果といわざるをえない。最古の古墳と考えられていたふたつの古墳から、二世紀中葉から後葉、三世紀前半の結果が出て、それが「布留0式期」であった。つまり、いままで三世紀後半から四世紀初頭と考えられていた「布留0式」土器の実年代は、ここでもまた三世紀初頭あたりまでさかのぼることになってしまったわけである。

箸墓古墳の特別な設計

纒向に土器の移動や集中があるとすると、やはりその纒向が邪馬台国の遺物であろうと考えるのは当然である。纒向遺跡近くに突如として出現した前方後円墳の箸墓が卑弥呼の墓であると考えるのも無理からぬことだ。

箸墓の現状での規模は墳長約二八〇メートル、後円部径約一五七（一六〇とも）メートル、高さ約三〇メートル、前方部は前面幅約一三〇メートル、高さ約一六メートル。体積は約三七万立方メートル。大きさでは全国で十一番目、奈良県下では三番目の規模だ。前方部が撥形に開く前方後円墳だが、奈良県立橿原考古学研究所や桜井市教育委員会による箸墓古墳陵墓指定範囲の外側周辺地域の調査結果からみると、本来はもうひとまわり大きかったようである。

墳丘は後円部も前方部も四段の段築があるとされる。近藤義郎氏は後円部の四段築成の上に径約四四〜四六メートル、高さ四メートルの土壇があり、その上に特殊器台が置かれていたと考えている。

この土壇を入れれば五段築成となる。
古墳の周囲には幅約一〇メートル程度の周壕と、その外側に基底幅一五メートルを超える大きな外堤がめぐらされていたようである。また外堤の所々には墳丘へとつながる渡り土手が築造当初から付設されていたと考えられている。

他の天皇陵クラスの古墳はすべて三段築成（後円部も前方部も三段築成）であるが、大和古墳群の西殿塚古墳（手白香皇女衾田陵）、柳本古墳群の行燈山古墳（崇神天皇陵）、同じ柳本古墳群の渋谷向山古墳（景行天皇陵）、鳥見山古墳群の桜井茶臼山古墳、同じ鳥見山古墳群のメスリ山古墳などは三段築成の後円部に小円丘が載って四段築成であったと考えられているから、箸墓はその構造からは、特別な設計がなされていると言える。

埋葬施設は不明だが、墳丘の裾から玄武岩の板石が見つかっていることから、竪穴式石室が造られている可能性があるとされる。この石材は、大阪府柏原市の芝山（＝大坂山〈二上山〉）の石であることが判明している。すると、崇神紀に記されている大坂山（二上山）の石ということになるのか。これもまた興味深い。

箸墓の築造年代

「魏志倭人伝」に記される邪馬台国の女王・卑弥呼の死は「女王国の境界の南」にあった狗奴国と戦争状態にあったときだと記されている。

卑弥呼の死については、作家の松本清張氏のように殺されたのだと主張する方もおられるが、千七百年以上も前のこと、その真偽は当然確かめようがない。

しかし「魏志倭人伝」は、卑弥呼が死んだとき造られた墓の大きさについて、重要な情報を記している。「径百余歩」。径は、直径などの意味である。そもそも歩とはどれくらいの長さであるのか。百余歩は、先に紹介した魏の尺度、一歩＝一・四四七二メートルにあてはめて計算すると、一四五メートル弱ということになる（『人間尺度論』）。

ただ、箸墓の後円部約一五七メートルは新井宏氏の研究（「科学から見た邪馬台国問題」）によると古韓尺で百歩になるとする。新井氏は「四〜八世紀にかけての朝鮮半島と日本の古墳や宮殿、寺院約七十の計測値約千件について、完数（簡単な整数比）度という概念を導入した。そして『最もよく合う尺度』として、ほとんどのデータから『古韓尺』を抽出した」（読売新聞一九九二年七月三〇日付夕刊）ということである。纒向遺跡で使われている尺も古韓尺ということだが、しかし九州の吉野ヶ里では尺は使われていなかったということであるから、古韓尺は九州経由ではなく、直接半島から大和に伝わったということのあらわれであるともいえる。九州の土器が纒向からほとんど出土しないということと、関連する可能性もある。

歴代中国・高句麗で用いられた尺度の長さ		
前漢尺	23.2cm	1.39m/歩
後漢尺	23.3cm	1.40m/歩
魏尺	24.0cm	1.44m/歩
晋尺	24.3cm	1.46m/歩
古韓尺	26.7cm	1.60m/歩

纒向で使われた可能性のあるものさし

しかし現時点での最大の問題点は、卑弥呼の死の年代と箸墓の築造された年代がぴったり合っているかどうか、ということである。箸墓の築造年代は本当はいつ頃なのか。いまや、箸墓の築造年代の確定はもっとも注目すべき問題となっている。

布留0式の時代

纒向古墳群を中心とした古墳出土土器の編年観によれば、箸墓古墳は布留0式土器の年代であり、その暦年代については二四〇年から二六〇年頃。近年では布留式土器も0式から123式と細分化されて分析されている。土器型式の編年についても関西の研究者によって多少の異同があるが、箸墓古墳築造時の土器が布留0式土器であることは多くの研究者の認めるところである。

放射性炭素14のAMS年代測定法で得られた数値そのものはおそらく疑うべくもない。しかし、私がここで注目したいのは、AMS測定で二四〇年から二六〇年が布留0式の時代であると報告されたことである。

次ページは二〇〇九年に早稲田大学でおこなわれた日本考古学協会の総会発表の資料「古墳出現の炭素14年代」(春成秀爾・小林謙一他)である。

グラフの縦軸は炭素14年代(BP)測定により得られた数値。BP(before present)は、一九五〇年を基準として何年前にその物体が死を迎えたかが示されている。線が二本あるのは統計学的年代の幅を示すもので、グレーの帯は日本産樹木の炭素14年代であるとする。

横軸は日本産樹木をもとに較正されたもの。ＡＤ２００を少し過ぎたあたりから帯が急に落ち込んで大きく谷のようになっている。この大きな揺らぎの年代が、邪馬台国の卑弥呼の時代となる。そして★印は箸墓築造直後、☆印は築造後、ここからは布留０式の土器が出土しているので、★印と☆印は布留０式の年代と同じ時期のものということになる。

そして○印は箸墓壕埋没（布留１？）となっているので、箸墓築造後ある程度の時間の経過の後に壕が埋まる段階で、布留１式土器が出土していることになる。しかしここは布留１？となっているので、まだ未確定である。

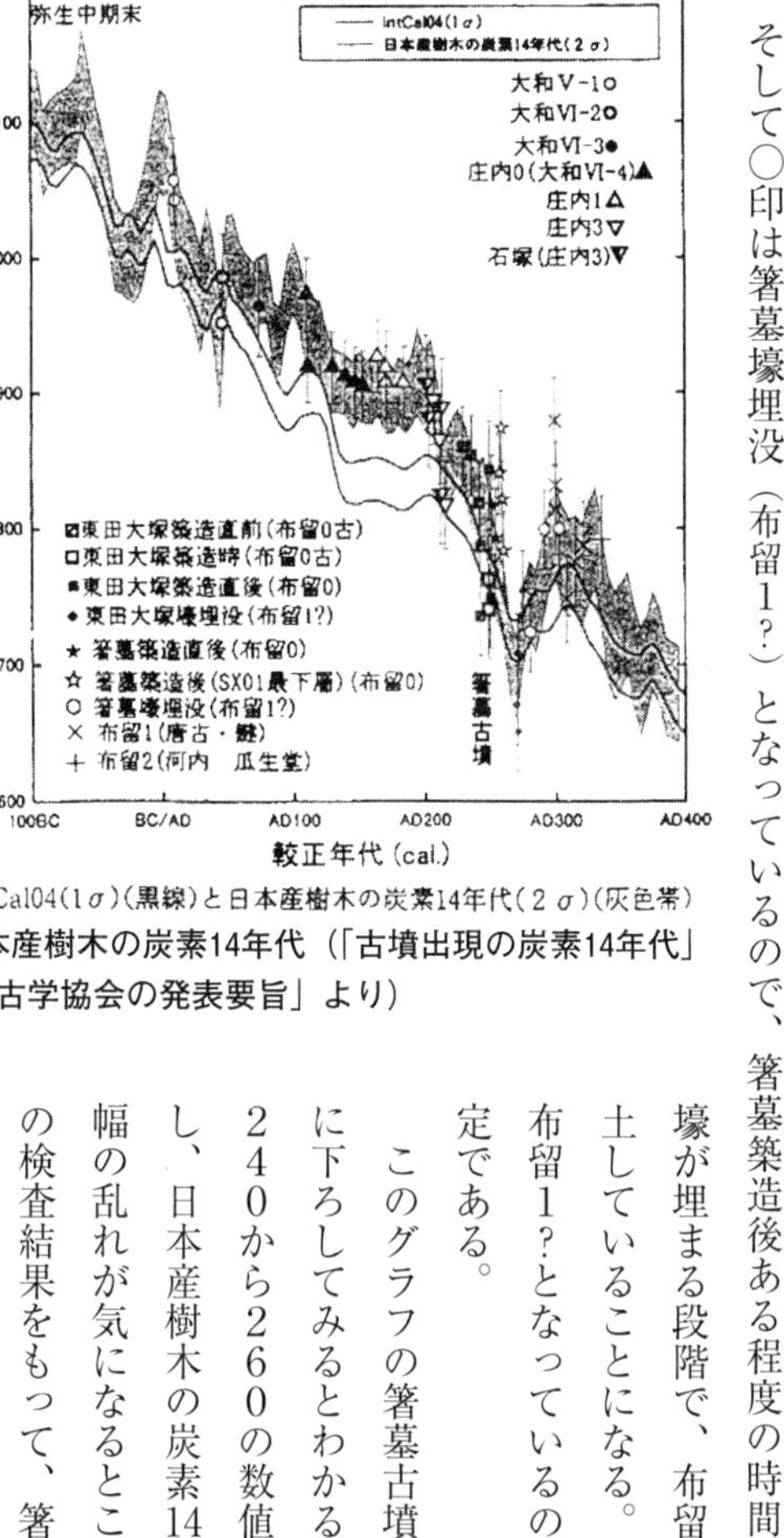

IntCal04(1σ)(黒線)と日本産樹木の炭素14年代(2σ)(灰色帯)
日本産樹木の炭素14年代（「古墳出現の炭素14年代」「考古学協会の発表要旨」より）

このグラフの箸墓古墳の☆印を垂直に下ろしてみるとわかるように、ＡＤ２４０から２６０の数値になる。しかし、日本産樹木の炭素14年代との揺れ幅の乱れが気になるところである。この検査結果をもって、箸墓のＡＤ２４０から２６０の数値が確定できるものなのだろうか。

考古学者の多くがこの数値にまだ疑問符をつけているのは、検査方法自体ではなく、おそらく較正値のためと思われる。その後、国立歴史民俗博物館の西本豊弘氏らの報告(『炭素年代測定による高精度編年体系の構築』国立歴史民俗博物館、二〇〇九年)があり、それによると「紀元前六五〇年付近と紀元後一〇〇年頃から二〇〇年頃に世界標準とずれる部分があることが確実になった」と報告している。放射性炭素を利用した年代分析は、炭化物に不純物が混じると年代がずれ、誤差が大きくなる可能性があるので、やはり慎重に扱わなければならない。

桜井市教育委員会の橋本輝彦氏は、もちろんそれらの問題に配慮し、箸墓の周りに残っている壕や、墳丘に通じている渡り土手が築造当時のものであることを確かめて、壕に沿った地点を発掘し、壕の各層から土器を発掘したと報告している。

また同様に、箸墓古墳周辺の調査をおこなった寺沢薫氏は、この最下層にあった土器が布留0式と呼ばれる土器で、箸墓築造と同時代に使われていた土器と考えている。これは煮沸に用いる土器なので、煮炊きの際にふきこぼれや、煤がついたりする。寺沢薫氏はその煤などを採取して、年代測定をおこなったという。しかしこの時、顕著な成果は得られなかったという。

その後、寺沢氏がご自分で掘り出した土器を、橋本輝彦氏もまたご自分で調査した土器を提供し、春成秀爾氏らのグループがＡＭＳによる炭素14年代測定法で計測し、それによって得られた数個を日本産樹木年輪によって較正した結果ということである。その壕の最下層から出現した土器に付着していた煤などから得られた測定結果が二四〇年から二六〇年代と出たということなのである。この測定結果はおおむね考古学界が認める方向にあると思う。もっと年代をしぼりこんでいけば、二五〇年くらいになるともいわれている。

こうして得られた年代の結果は、卑弥呼が魏に救援を求め、魏の皇帝が支援態勢をとったとされる二四七年頃を想起させる。

箸墓古墳の出土土器と同様の特徴を示す特殊壺や特殊器台は、大和古墳群中の衾田陵（西殿塚古墳）や弁天塚古墳など、いくつかの前方後円墳からも発見されているので、箸墓古墳発見の資料との比較検討が今後必要となってくる。

輪鐙という謎

しかし、ここにひとつやっかいな問題がある。

この問題も九州説の安本美典氏が以前から問題にしている。桜井市教育委員会が二〇〇〇年から二〇〇一年に実施した周辺部の発掘調査で、周壕内の堆積土から木製の輪鐙が発見されている。布留1式の土器と同じ地層から出土したとされる輪鐙は、乗馬の際、その輪に足をかけるための馬具だ。

この乗馬用の道具が布留1式の土器と一緒に出土したのである。「魏志倭人伝」には邪馬台国では牛馬がいない、と記されているし、定説では鐙は三世紀末の発明であって、日本へ乗馬の習慣が入ってきたのは朝鮮半島経由で五世紀とされている。桜井市教育委員会の発表時の新聞報道などは、つぎのように記している。

> 奈良県桜井市箸中の前方後円墳、箸墓古墳の周壕跡から古墳時代前期（三世紀末―四世紀初め）の木製輪鐙が出土したと、同市教委が三十日、発表した。馬具としては国内最古で、現存する鐙では世界最古と見られる。わが国の乗馬の始まりを百年近くさかのぼらせる発見で、四世紀後半―五世紀初めごろに、朝鮮半島の騎馬軍団に対抗するため導入したとする通説は見直しを迫られることになりそうだ。（読売新聞二〇〇一年十二月一日付）

布留1式土器とともに出土した輪鐙はカシ材で、長さ一六・三センチメートル、幅一・七〜一〇センチメートル、厚さ一・六センチメートル。箸墓後円部南東側の周壕跡の底近くから出土したとされている。

桜井市教育委員会は、「周壕内から出土した鐙は箸墓築造後三〇年ほどの堅く積もった堆積土の中から布留1式の土器とともに発掘されており、後世の攪乱等で混じった可能性はない」と発表している。桜井市教育委員会の橋本輝彦氏は、三世紀末から四世紀初めぐらいのもので纒向遺跡では後半期のもの、との見解を示している。箸墓の築造年代や馬文化の日本への影響の時期を考えるにあたっては大きな謎を抱えこんだことになる。

従来考えられていたよりも百年も古い時期に馬が纒向にいたということなのか。それとも布留1式の土器はもっと新しい年代に編年されるべきなのか。布留1式土器がもっと新しい年代に編年されるのであれば箸墓＝卑弥呼の墓説は霧散する。これは東アジアの馬文化の伝播の問題をもふくむ大きな謎である。

備前・大和・出雲の連帯関係

さて箸墓古墳、正式の陵墓名は、倭迹迹日百襲姫命大市墓。この墓が発掘できない以上、周りの民有地の濠や土手などを調査してなんとか築造年代を割りだそうとするのであるが、それが箸墓本体の年代であるかどうかの確証はないわけである。それでも少しだけ、墳丘の内容が明らかになっている。

一九九八年（平成十）九月二十二日に関西地方を襲った台風七号が、箸墓古墳の立木をなぎ倒し、二十九ヵ所もの倒木や根起きを引き起こすということがあった。

他の天皇陵と同じく墳丘への立ち入りが禁止されている箸墓である。その墳丘上に倒れた木を宮内庁が調査するということは、考古学関係者にとってきわめて興味深い出来事だった。

宮内庁書陵部は、倒れた木の根にくっついて墳丘に埋没していた大量の土器破片（約三千五百点）を採取した。

書陵部紀要第五十一号「倭迹迹日百襲姫大市墓被害木処理事業（復旧）箇所の調査」（二〇〇〇）によると、前方部十九ヵ所と後円部円壇付近八ヵ所、それと前方部へつながる後円部裾に二ヵ所の根起きを調査したとしている。

後円部では、拳大の礫が多数認められ、その下層にも最大長径二〇センチメートルほどの川原石、板状の石が混在していた。拳程度の大きさの礫は、大坂山北西方の芝山というところの石だということである。『日本書紀』崇神紀にある箸墓の築造時の「昼間は人が夜は神が造った。大坂山の石を山から墓まで人々が連なり手渡しで運んだ」という記述がすぐに思い出される。

まず問題となったのは土器の型式である。庄内式なのか布留式なのか。後円部、前方部の土器に型式差があって年代幅があるのかどうか。つまり箸墓古墳の年代決定に微妙な差が出るのではないかという問題である。

ところが後円部には、特殊壺形土器と特殊器台形土器・特殊器台形埴輪が配列され、墳頂部には、都月型特殊器台形埴輪、宮山型特殊器台が存在していたとする。岡山県倉敷市の楯築弥生墳丘墓の特殊壺と特殊器台と同系統の特徴をもつ都月型特殊器台形埴輪、宮山型特殊器台が立てられていた。

また前方部は厚さ二〇センチメートル前後の腐植土が堆積し、その下に拳大から最大長径二〇センチメートル程度の川原石がおおむね標高八七・五メートルのところで列状に並んでいたという。礫石に絡むように、二重口縁壺形埴輪等が置かれていた可能性があると記している。

さらに前方部墳頂には、二重口縁壺形埴輪と、それまで箸墓では確認されていなかった瀬戸内海沿岸地域に系譜が求められる土器が配列されていたことが明確になった、とも記している。

箸墓の墳丘に立っていた供献土器や葬送用の土器のなかに、岡山から運んできたものではないかと思われる特殊器台や、宮山型といわれる、特殊壺や特殊器台が含まれていたという事実。しかもこの宮山型は、奈良の纒向あたりで焼いたものではなく、備前岡山から運んできた特殊器台だとされている。そのうえ島根県出雲市西谷（にしだに）三号四隅突出型墳丘墓出土の特殊壺、特殊器台は楯築墳丘墓例と同様の特徴を示していることも判明した。この考古学的事実は、当時の備前と大和、出雲とがかなり深い連帯関係にあったことを示すと考えられるのである。

また、瀬戸内地方と大和との関係性もまだまだ考えなくてはならない点が大いにある。だから私は二四〇～二六〇年という年代についても、直ちに決定とは考え難く、なお慎重に検討すべきではないかと思っている。

また箸墓古墳では二重周壕跡＝外壕遺構と盛り土が発掘されている。

桜井市教育委員会によれば、墳丘南側から外壕と見られる遺構と、その外縁部に人工的な盛り土の跡が見つかり、墳丘北側ではすでに同様の遺構が発見されている。

幅は約一〇メートルの内壕、その外側に幅約六メートルの堤、さらにその外側に幅約五〇メートル、深さ約一・二～一・六メートルの外壕と見られる遺構が見つかった。また、その外縁部に高さ約一メートル分の盛り土を施していたということで、二重周壕だったことがほぼ確定したということである。

これで、箸墓は巨大な兆域（ちょういき）と初期の前方後円墳としての規格を備えた墓であることがより濃厚になったわけである。

しかも殉葬の問題もなおざりにはできない。卑弥呼の墓の周辺に一緒に埋葬されたはずの奴婢百余人の痕跡はどうなのか。この記述が正しいかどうかもまた問われなければならない。歴史民俗博物館が出した箸墓二四〇～二六〇年築造説が正しいといえるためには、箸墓の被葬者、倭迹迹日百襲姫命が、女王卑弥呼であるというさまざまな角度からの論証もまた必要なのである。

おわりに

らえたのである。

東アジアのなかの邪馬台国

小林行雄氏は、三角縁神獣鏡は魏の鏡であり、大和政権が全国各地の有力な首長にこの鏡を配布した、あるいは分与した、と考えた。そうした関係は、政治的な同盟なり支配関係が成立した証だととらえたのである。

三角縁神獣鏡の出土した古墳を一覧してみると、京都の椿井大塚山古墳や、奈良県天理市の黒塚古墳などは、鏡の所有センターになっているのではないかと思う。しかし、文献史学の研究者からは、古代は首長が周りの有力首長に鏡を分け与えて、支配関係を結ぶのではなくて、周辺の首長から畿内の大首長に鏡を献上するというのが通例なので、小林行雄氏の考え方は誤りだという批判も出ている。だが、三角縁神獣鏡が問題の鏡であることはまちがいない。

弥生時代後期後半の北九州はじめ瀬戸内から近畿地方にかけての遺跡からは、前漢鏡の文様や字体を模倣した小型仿製鏡が相当量出ているが、量としては、九州が圧倒的に多い。列島内の有力な前方後円墳や前方後方墳から同じ鋳型で作られた鏡が出ている。このことが、小林行雄氏のいう分与にあたるのかは問題があるにしても、鏡が移動していることは考古学的事実である。

しかも、131ページに示した新納泉（にいろいずみ）氏の「同型三角縁神獣鏡の分布関係」図を見れば、椿井の大塚山古墳や奈良県天理市の黒塚古墳が同笵鏡を集中的にたくさんもっていることがわかる。黒塚古墳は配布センター的な性格をもっていた場所なのかもしれない、ということになる。鏡の状態からいくと、北部九州だけでなくて、瀬戸内も近畿も東海も関東も、鏡の配布の分布圏に入ってくる。

しかも一〇〇メートルクラスの纒向古墳＝墳丘墓から全長二八〇メートルの箸墓古墳が築造されるために費やされた人的、経済的な力は想像以上のものがあったと思われる。三角縁神獣鏡が舶載であれ仿製であれ、この時期にきわめて大きな変革があったと思われるのである。

特に平原（ひらばる）の方形周溝墓が畿内型墓制の採用だとすると、鏡四十面、とくに直径四六・五センチメートルの内行花文鏡が出土していることを考えると、国産の最大級の鏡は弥生時代後期に製作するのは無理で、古墳時代と考えざるをえないのではないか。

それに、列島内の方形周溝墓で、平原のように鏡を四十面も壊して埋納しているなどという例は、いまのところひとつもない。弥生時代後期後半における墳丘墓に破鏡・破砕鏡が多く認められ、三角縁神獣鏡とは一線を画し、三角縁神獣鏡登場以前に、墳丘墓から前方後円墳への質的な変化を遂げていたと考えざるをえない。多量な三角縁神獣鏡の出現とは、そこに大きな画期を求めざるをえないのだ。

三角縁神獣鏡が国産であるとしても、中国から渡来した工人集団の存在なくしては考えられず、従来考えられていた稚拙な鋳造技術を示す仿製三角縁神獣鏡の存在をどのように理解するのか。あるいは「銅鏡百枚」が当代の中国鏡であったとすれば、数百面の三角縁神獣鏡の製作にかかわる工房や技術者の存在と組織を考えねばならない。筆者自身、このような中国工人渡来鋳造説が実証できない現段階では、三角縁神獣鏡の舶載説の立場を支持しなければならない。

朝鮮半島では最近、方形周溝墓がたくさん発掘され、環壕集落も発掘されている。日本の方形周溝墓制は、もとをただせば朝鮮半島から入ってきたものであると筆者は思っている。したがって、畿内との関係で理解するより、朝鮮半島の墓制が受け入れられたのだと理解したいのである。遼東半島一帯に勢力を有していた公孫氏の滅亡（二三八）と魏の領有とを考えると、三角縁神獣鏡の出現の背景が読みとれるのではなかろうか。

朝鮮半島の南、狗邪韓国、現在の釜山周辺の文化を示す、渦巻き文をもった鉄製の剣が、東日本の長野県木島平村の根塚遺跡から出ている。海外からの遺物が西日本の、日本海沿岸の地域だけでなく、より東方の地域から出てきている。

出雲の弥生時代遺跡からは、楽浪系の弩（ど）といわれる、木で作った矢を放つ横弓の一部が発見されている。また楽浪郡時代の硯（すずり）の破片も出ている。このように、日本海沿岸の有力な首長とその集団の半島との交流が、弥生時代の後期段階には活発化していたのではないかと思われる。日本列島内における弥生時代の社会発展は丹後半島から若狭湾へとのびる日本海沿岸の海上輸送力の増大にともなって大きく伸長したのである。

これらの事例はかならずしも九州経由ではないのかもしれない。モノと人の流れが北部九州を経て、日本海沿岸におよんだという理解の仕方もできるし、ダイレクトに日本海沿岸の地域に入ってきたとも考えられる。このようにダイナミックに人とモノとが移動している。

箸墓と大和連合政権

二千字足らずの「魏志倭人伝」は文献としては、倭の古代を知るうえで、たいへん貴重な史料である。しかし、最近の考古学関係の資料を見ていけば、よほど色眼鏡をかけなければ、邪馬台国は北部九州にあったとは言えない。また纒向遺跡が邪馬台国の所在地だとは断定できない。しかし、かなり重要な遺跡であることだけはまちがいない。とにかく継続的に纒向のあの三棟の建物群の周辺を掘りつづけなさいと私は言いたい。

箸墓は現在宮内庁の管理下にあり、発掘はおろか立ち入ることもできないが、この箸墓の石室に何が埋納されているかがわかれば、これが卑弥呼の墓であるかどうかは、かなりはっきりしてくるのではないかと思う。鏡はあるのか。あるとすればどんな種類の鏡なのか。土器の型式、剣や勾玉、それから石室の構造、槨や棺はどういう置かれ方をしているのか。「魏志倭人伝」に卑弥呼がもらったと記されている何かが発見されれば、面白い。

女王卑弥呼が魏の皇帝からもらった金印はどのようなものだったのか。ほんとうに江戸時代の天明年間に「漢委奴國王」印が、福岡湾湾口に浮かぶ志賀島から発見されたのだとすれば、卑弥呼が魏の皇帝から賜った「親魏倭王」の金印も日本のどこかの遺跡に埋納されていて、いつの日か発掘される可能性は否定できないだろう。

それでは、例えば金印が箸墓の棺のなかから出土すれば、箸墓が卑弥呼の墓と確定するであろうか。いや、そう簡単な問題ではない。金印も動くものである。卑弥呼の後を継いだ宗女の台与などに伝世された可能性もある。

また、西晋の時代の紀年銘鏡・剣・貨幣などが出土する可能性もある。そうであるならば、箸墓は卑弥呼の墓ではなく台与の墓の可能性が高くなり、二四〇〜二六〇年築造という年代もまちがいだということになる。考古学がモノに語らせる学問であるというのは、まさにそういうことなのである。

この時代に突如として纒向の地にあらわれた二〇〇メートルを超える前方後円墳の箸墓は、女王卑弥呼の墓である可能性は現段階では高いと思う。しかし、被葬者が女性であることが確認されねば、簡単に「卑弥呼の墓」とは言えない。文献と考古学的事象との一致ということは、容易なことではない。であるから「卑弥呼の墓」とする可能性はあるとしても、確実には断定しがたいのである。

したがって、いまの考古学的資料からは、奈良県桜井市箸墓古墳が卑弥呼の墓と断定できる状況にはないと言わざるをえない。

ただ箸墓が卑弥呼の墓と断定できないとしても、巨大な前方後円墳が大和で誕生した背景には、大和政権だけでなく、瀬戸内の吉備や播磨の首長のバックアップ体制や、出雲の首長との関わり、列島内の広範な地域との連携があったことを考古学的事実は示している。

そうすると播磨、摂津、河内、紀伊という、大阪湾に面した地域との関係も問題になってくる。当然、四国も問題になってくる。日本海沿岸の山陰・北陸地方、それに備前、大和という広範な地域の連携も考えられる。つまり大和連合国家というか、広範な地域の連合形態が想定される。

このように、列島内のとくに東国の二、三世紀の考古学的資料を見るかぎり、弥生時代後期は私たちが考えている以上に、人とモノの移動、経済活動が日本列島の広範囲にわたって活発だったことが言えるのである。

大和川の経済的・政治的な機能、日本海沿岸地域と近畿圏を結ぶ琵琶湖の利便性、また先進的な手工業技術の受容と拡散などに優位性を発揮した丹後地方の経済性など、王権存立の客観的な歴史的条件を考えれば、畿内地方こそ邪馬台国存在の想定地域であり、大和王権への発展が歴史的に評価できる地域であると思うのである。しかもその流れは、倭国だけのものでもない。朝鮮半島をふくめた東アジア全体の流れとしてとらえれば、邪馬台国連合の範囲は北部九州だけで完結する問題ではないのではないかという結論に行き着く。

考古学的発見は明確な事実を我々に突きつける一方、実年代比定の難しさによって、新たな謎をなげかけてもくるのである。

主要参考文献

本書では多くの著作物・論文・発掘調査報告書等を参考にさせていただいたが、本書の性格上、すべてを掲載することができないので、読者の皆様が入手しやすいものを主にあげた。

主な著作物

アサヒグラフ編『吉野ヶ里　邪馬台国が見えてきた』（高島忠平・森浩一監修）朝日新聞社、一九八九年
石野博信『邪馬台国の候補地・纒向遺跡』（遺跡を学ぶ51）新泉社、二〇〇八年
王仲殊『三角縁神獣鏡』（新装普及版、西嶋定生監修）学生社、一九九八年
岡村秀典『三角縁神獣鏡の時代』（歴史文化ライブラリー66）吉川弘文館、一九九九年
金関恕他『邪馬台国と吉野ヶ里』東京新聞吉野ヶ里取材班編、学生社、一九九七年
白石太一郎『古墳とヤマト政権――古代国家はいかに形成されたか』文春新書、一九九九年
鈴木勉『「漢委奴国王」金印・誕生時空論――金石文学入門1　金属印章篇』雄山閣、二〇一〇年
寺沢薫『王権誕生』（日本の歴史02）講談社、二〇〇〇年
富岡謙蔵『古鏡の研究』丸善、一九二〇年
奈良県立橿原考古学研究所編『纒向』奈良県桜井市教育委員会、一九七六年

奈良県立橿原考古学研究所編『3次元デジタルアーカイブ古鏡総覧』学生社、二〇〇六年
福永伸哉『三角縁神獣鏡の研究』大阪大学出版会、二〇〇五年
福永伸哉他『シンポジウム　三角縁神獣鏡』学生社、二〇〇三年
松木武彦『人はなぜ戦うのか――考古学からみた戦争』講談社選書メチエ、二〇〇一年
松本清張『邪馬台国　清張通史1』講談社文庫、一九八六年
松本清張『空白の世紀　清張通史2』講談社文庫、一九八六年
安本美典責任編集『季刊邪馬台国』梓書院
山尾幸久『新版・魏志倭人伝』講談社現代新書、一九八六年

主な論文・発掘調査報告書など

赤塚次郎「『S字甕』について」『欠山式土器とその前後』第三回東海埋蔵文化財研究会、一九八六年
赤塚次郎「初期前方後円（方）墳出土の土器」『季刊考古学』第五二号、雄山閣出版、一九九五年
『安満宮山古墳』高槻市教育委員会、二〇〇〇年
新井宏「科学から見た邪馬台国問題」、二〇一〇年度「えびす大学」講演
(http://members3.jcom.home.ne.jp/arai-hiroshi/lecture/10.06.21.pdf)
岩崎卓也「古式土師器考」『考古学雑誌』第四八巻第三号、日本考古学会、一九六三年
王維坤「日本の三角縁神獣鏡の性質に関する私見」『洛陽学国際シンポジウム報告論文集』（明治大学東洋史資料叢刊8）氣賀澤保規編、明治大学大学院文学研究科・明治大学東アジア石刻文物研究所、二〇一一年
奥野正男「青柳種信と『柳園古器略考』」『歴史と人物』一九八二年三月号、中央公論社

田中琢「布留式以前」『考古学研究』第一二巻第二号、考古学研究会、一九六五年
寺沢薫「首長霊観念の喪失と前方後円墳祭祀の本質——日本的王権の原像」『古代王権の誕生』1、角川書店、二〇〇二年
寺沢薫「古墳時代開始期の暦年代と伝世鏡論（上）（下）」『古代学研究』一六九号・一七〇号、古代学研究会、二〇〇五年
新納泉「王と王の交渉」『古墳時代の王と民衆』（古代史復元6）都出比呂志編、講談社、一九八九年
西本豊弘「炭素年代測定による高精度編年体系の構築」国立歴史民俗博物館、二〇〇九年
橋本輝彦「纒向遺跡中枢部の調査」『女王卑弥呼の国を探る.in桜井』（フォーラムプログラム）奈良県桜井市、二〇一〇年
橋本裕行「勝山古墳第四次発掘調査概報」『奈良県遺跡調査概報二〇〇〇年度』奈良県立橿原考古学研究所、二〇〇一年
春成秀爾他「古墳出現の炭素14年代」『日本考古学協会第75回総会　研究発表要旨』日本考古学協会、二〇〇九年
福永伸哉「青龍三年鏡と三角縁神獣鏡」『考古学ジャーナル』三八八号、ニュー・サイエンス社、一九九五年
松木武彦「『戦い』から『戦争』へ」『古代国家はこうして生まれた』都出比呂志編、角川書店、一九九八年
水野祐「魏志倭人伝　原文・読み下し・現代語訳」『This is 読売』一九九八年二月号、読売新聞社
光谷拓実「年輪年代法と文化財」『日本の美術』四二一号（東京国立博物館・京都国立博物館・奈良国立博

物館監修）至文堂、二〇〇一年
村上恭通「日本海沿岸地域における鉄の消費形態」『古代文化』第53巻第4号、古代学協会、二〇〇一年
『青いガラスの燦き――丹後王国が見えてきた』（大阪府立弥生文化博物館図録24）大阪府立弥生文化博物館編、二〇〇二年
『赤坂今井墳丘墓発掘調査報告書』（京都府峰山町埋蔵文化財調査報告書第24集）峰山町教育委員会、二〇〇四年
『大田南古墳群／大田南遺跡／谷田城跡――第二次～第五次発掘調査報告書』（京都府弥栄町文化財調査報告第十五集）弥栄町教育委員会、一九九八年
『神原神社古墳』島根県加茂町（雲南市）教育委員会、二〇〇二年
『黒塚古墳調査概報』（大和の前期古墳3）奈良県立橿原考古学研究所編、学生社、一九九九年
『荒神谷遺跡／加茂岩倉遺跡――青銅器大量埋納の遺跡』島根県埋蔵文化財調査センター、二〇〇二年
『古代出雲文化展――神々の国　悠久の遺産』島根県教育委員会・朝日新聞社編、一九九七年
『新編　高崎市史　資料編　原始古代1』高崎市、一九九九年
『象鼻山1号墳　第2次発掘調査の成果』（養老町埋蔵文化財調査報告第一冊）養老町教育委員会・富山大学人文学部考古学研究室編、一九九八年
『高部古墳群Ⅰ――前期古墳の調査』（千束台遺跡群発掘調査報告書6）木更津市教育委員会、二〇〇二年
『宝塚市史第四巻　資料編』宝塚市、一九七七年
『西谷墳墓群――平成一四～一六年度発掘調査報告書』島根県出雲市教育委員会編、二〇〇六年

『東田大塚古墳』（桜井市内埋蔵文化財一九九八年度発掘調査報告書1）桜井市文化財協会、二〇〇六年
『平原遺跡』（前原市文化財調査報告書第70集）前原市教育委員会、二〇〇〇年
『ホケノ山古墳調査概要』（大和の前期古墳4）奈良県立橿原考古学研究所編、学生社、二〇〇一年
『纒向遺跡フォーラム　邪馬台国からヤマト王権へ』（フォーラムプログラム）読売新聞社、二〇一〇年
『邪馬台国時代の筑紫と大和』（ふたかみ邪馬台国シンポジウム5）香芝市二上山博物館編、香芝市二上山博物館友の会ふたかみ史遊会、二〇〇五年
『邪馬台国時代の丹波・丹後・但馬と大和』（ふたかみ邪馬台国シンポジウム7）香芝市教育委員会・香芝市二上山博物館編、香芝市教育委員会、二〇〇七年
『邪馬台国時代の摂津・河内・和泉と大和』（ふたかみ邪馬台国シンポジウム8）香芝市教育委員会・香芝市二上山博物館編、香芝市教育委員会、二〇〇八年
「倭迹迹日百襲姫命大市墓被害木処理事業（復旧）箇所の調査」（徳田誠志・清喜裕二）『書陵部紀要』第五一号、宮内庁書陵部、二〇〇〇年
『よみがえるヤマトの王墓――東大寺山古墳と謎の鉄刀』天理大学附属天理参考館考古美術室編、天理大学出版部、二〇一〇年

あとがき

邪馬台国論争なるものは、古くは江戸時代の新井白石、本居宣長の頃から現今まで延々と約三百年以上もつづいている。

現在でもこの論争は激しさを増しているが、その主要な論題は位置論であり、畿内説と九州説とに分かれて論陣が張られている。

邪馬台国にかんする直接的な史料は日本の文献ではなく、中国の「魏書東夷伝倭人条」である。この史料に記載されている二千字に満たない倭と魏の交流の記事、邪馬台国や卑弥呼にかんする記述をどう解釈するかが主要な論題なのである。ただ、この史料は、倭人が書いたものではなく、隣国中国の魏から西晋の時代に生きた陳寿が書き遺したもので、しかも陳寿が直接倭に来島したものではなく、西晋王朝に仕えた歴史編纂官として見聞した状況を記録したものであったと思うのである。

邪馬台国がアジアの歴史に登場するのは西暦二、三世紀のことであるから、考古学の世界でいえば、弥生時代の終わり頃から古墳時代の初頭頃の時代となる。ひと昔前までは邪馬台国問題は弥生時代の事象であったが、いまや考古学上の年代測定法が進歩して、三世紀は古墳時代に属することになってきた。

三世紀の日本列島、つまり倭国に邪馬台国が実在していたとすれば、考古学上の所見にしたがうと、それは近畿地方にあると考えるのが、もっとも蓋然性の高い結論になるというのが、本書の主張であった。

奈良県桜井市纒向遺跡が邪馬台国の卑弥呼宮殿跡であるとか、桜井市箸墓古墳こそ女王卑弥呼の墓であるという言説は、その可能性があるということであり、あくまでひとつの推測に過ぎない。二四七年か二四八年頃に死んだと解釈しうる卑弥呼の死因さえも不明であり、壮大な「径百余歩」という塚を築いたと記すものが箸墓かどうかの確証もない。

箸墓古墳を完全に卑弥呼の墓であると考古学的に立証するのは不可能である。箸墓は現在は宮内庁によって、欠史八代のなかにふくまれる、第七代孝霊天皇の皇女倭迹迹日百襲姫命大市墓と治定されている。たとえ将来、学術的な発掘がおこなわれたとしても、墓誌などの実証品が出土しなければ卑弥呼の墓などと認定できるわけがない。第一、三世紀中頃の日本の古墳に墓誌などを副葬する習慣はない。しかし、箸墓は卑弥呼の墓にほぼまちがいないといえるためには、より考古学的な確率の高い情報を得るしかないであろう。

第六章で指摘したことであるが、一九九八年の秋に関西を襲った台風で、箸墓古墳の立木が倒され根起きした根の周辺から多量の土器片が発見された。約三千五百点の土器資料は願ってもない遺物であり、箸墓古墳の年代と、箸墓の性格を明らかにする重要な考古学資料であった。

宮内庁書陵部の報告によると、墳丘上の後円部と前方部から発見された葬祭用の土器群には、多少の差異があるように私は思った。特殊壺形土器や特殊器台形土器に型式上の差があるとすれば、それは年代差なのか、前後両丘に置かれた土器群の差は、祭祀の性格の差ととらえるべきか、箸墓古墳葬送の時期や葬送儀礼の内容の変化にもとづくことかもしれず、今後の詳細な分析が期待されるのである。

邪馬台国論争といえば九州か畿内かと二地域に分かれて論点を絞る傾向が強い。しかし、一九六〇年代以降の国土開発に沸く列島改造論の展開によって、全国的な大規模な遺跡発掘がつづき、山陰・北陸から東北地方にいたる日本海沿岸をはじめ、瀬戸内海沿岸、近畿、東海、関東から南東北地方へと考古学上の新発見が集積した。

考古学上の新事実が古代史の新解釈を提起するように、西暦二、三世紀の邪馬台国時代の列島の歴史的な動静に新局面を開く事態が多発した。私は東国・関東から列島の中央や西日本・九州の歴史舞台を眺めることが多く、糸魚川静岡構造線の地帯から東の地域の二、三世紀の社会の動きを無視しての邪馬台国論は、事実にそぐわないと考えるようになった。

九州説、畿内説の論点はもちろん重要ではあるが、海に囲まれ南北に諸河川が列島を流れる地政学上の特徴は、きわめてスピーディな人とモノの列島内の動きを促してくれることに注目すべきであろう。

東海系・庄内式・布留式系統の土器がいち早く宮城・山形・福島県にまで波及している事実は、日本の古代社会が西も東も一衣帯水の如く早い速度で動いていた証拠だと思えるのである。

二〇〇九年（平成二十一）、私は明治大学リバティアカデミーにおいて一年間「邪馬台国論争の行方」と題して生涯学習講座を担当した。本書は各二時間、十六回におよぶ講義の論点をまとめたものである。

まさかこうした一書になるとは夢にも思わず、気ままな講義をつづけたが、こうして邪馬台国本として立派に上梓できたのは、この本にかかわってくださったみなさんの熱意と努力のたまものであると思っている。

ここに出版の機会を与えてくださった講談社現代新書出版部部長の岡本浩睦氏、副部長所澤淳氏、また土器の編年図の作成に協力してくださった明治大学の石川日出志氏、編集協力の小林唯氏に深く感謝する次第であり、心からあつく御礼申し上げたいと思う。

二〇一二年一月

大塚初重

『邪馬台国をとらえなおす』を読む

石川日出志

この『邪馬台国をとらえなおす』は、はじめ二〇一二年に講談社現代新書として刊行されたもので、今回あらたに吉川弘文館の「読みなおす日本史」シリーズとして復刊されました。原著は、大塚初重氏が八三歳だった二〇〇九年に母校の明治大学で一年間にわたって担当した社会人向けの連続講義の内容を新書判一冊に圧縮したものです。

はじめに原著の成り立ちの背景を紹介します。大塚氏は、四〇代初めに在外研究として欧米と西アジア歴訪から帰国すると大学は紛争の渦中にあり、副学生部長という学生対応の矢面に立たされました。考古学専攻の学生たちから名指しで糾弾されたこともあったようです。その職を解かれる頃から各地の講演に飛び回るようになります。世界各地の大学や遺跡をめぐる学問的興奮の日々から、喧騒の真っただ中へという急転回は、考古学の社会的役割を考える機会となったのでしょう。考古学の成果とその面白さを広く社会に発信する必要を感じたのではないでしょうか。蔵前の貸席業の家で育ち、上海での捕虜生活中に演芸を身につけたことなどが幸いしてか、軽快な語り口は絶妙で、のちに「大塚節」といわれるまでになります。

六〇代に考古学博物館館長になると自ら主導して考古学の連続講座を催し、やがて学内の他分野を含めた社会人向けの総合講座・リバティアカデミーの創設に尽力します。そこで毎年自ら率先して講座を担当し、数年前の九三歳までずっと最多の受講生を誇りました。受講生は常連さんが多く、互いに講座を「大塚教室」と自称するようになります。学生向けの授業でもそうですが、同じ話題を繰り返すことはしません。毎年個別テーマを設けて研究の最前線を解説しており、二〇〇九年度のテーマが「邪馬台国をとらえなおす」でした。すると受講生からこの内容は出版してほしいという声が上がり、新書にまとめられたのです。すでに一〇余年を経ていますが、八三歳にして鮮烈な問題意識を投げかける原著のもち味を損ねないよう、改訂にあたっての修正は、明らかな誤植や誤認、文意が通じにくい箇所など最低限にとどめました。

次に、大塚氏と邪馬台国論との接点をみてみましょう。大塚氏が「考古学」の存在を知ったのは、復員して入学した大学の講義においてでした。大学二年目の一九四七年から弥生時代後期の村落である静岡市登呂遺跡の発掘調査に参加し、自らの手で土中から歴史を掘り出す魅力と重さに気づき、進む道が定まります。同じ年、千葉県外房南部にある前期の前方後円墳・能満寺古墳の発掘にも携わり、現地調査だけでなく大学四年目に報告論文を任され、執筆します。考古学者は最初に携わった遺跡にかかわるテーマを生涯の研究課題とする例が多いのですが、大塚氏も、古墳時代、そしてその始まりが生涯にわたって追いかける課題の一つとなりました。博士論文は「前方後方墳の研究」で、前期古墳を中心とする内容です。発掘に参加した茨城県丸山古墳が前方後方墳であったことから類例を調べ、古墳研究の権威である京都大学の梅原末治教授が前方後円墳と報告した陵墓参考地の奈良県新山古墳もじつは前方後方墳であると現地で確認したことも盛り込みます。そして、主に東日本の古墳および古墳時代文化の調査・研究に従事していきます。

やがて、『世界考古学大系』第三巻の「大和政権の形成―武器武具の発達―」（一九五九年）や『日本の考古学』Ⅳの「古墳の編年」（一九六六年）など全国の古墳研究を体系化する難事に取り組んだことが評価されて、全国区の研究者と目されるようになります。私が学部生だった七〇年代中頃、大塚氏は授業で古墳の始まりを講じる中で次の一言を発しました。「古墳の始まりは、古墳時代の側から見るのと、弥生時代の側から見るのとでは見え方、描き方が変わることに注意が必要です」と。大塚氏は古墳の専門家ですが、その一方で弥生時代の側からも古墳の始まりを追っていたのです。個人を埋葬するのに溝で方形に区画する方形周溝墓という種類の墓が見つかり、そこから高い墳丘をもつ古墳が形成されるという道筋を示す論文を発表していました。期待通りの成果に直結はしなかったものの、弥生時代から古墳時代への移行期の問題を同時に異なる視角から詰めることを経験していたのです。それが『魏志倭人伝』の時代でもありますから、もう一つ文献史料の側から見る必要もありました。

魏志倭人伝には邪馬台国の女王卑弥呼と魏王朝との交渉が描かれていますから、外交関係から古墳時代社会の成立を考える視角でした。

しかし、邪馬台国は九州か、それとも畿内（大和）か、江戸時代以来かまびすしい論争が繰り返されてきました。大陸との交流・交渉が明確なのは、弥生時代は北部九州、ところが古墳時代前期には畿内（大和）となります。ちょうど弥生・古墳移行期にあたる時期の邪馬台国はどこなのか、当然ながら大塚氏もこの問題に悩んだはずです。ところが大塚氏は、長年悩んだこの問題を正面から論じたはずの本書の冒頭で「『魏志倭人伝』から邪馬台国は探せない」、そして「発掘考古学が邪馬台国像を変える」と述べます。なぜそう主張するのでしょうか。

古代史学の世界では、古くから、東京大学は九州説、一方京都大学は畿内（大和）説という意見の対立がありました。戦中は皇国史観に触れることから表立って議論はできなかったものの、その呪縛から解放された戦後になって、考古学者の小林行雄氏が三角縁神獣鏡の研究を通してこの問題に取り組みます。魏志倭人伝の記事にある「銅鏡百枚」を含む同笵三角縁神獣鏡の分布が畿内を中心とするという明確な事実をもって九州説を退けました。それでも、三角縁神獣鏡は魏鏡ではなく倭国製とみる反論が出されるなど、邪馬台国所在地論争は硬直というほかない平行線の状況が続きました。本書で銅鏡の問題にかなりの記述が割かれるのもこうした経緯があるからです。

しかし、一九九〇年代になると議論が様変わりします。一九七〇〜八〇年代に全国の遺跡の発掘調査で、集落や墳墓、土器や鉄器といった多彩な遺構・遺物とその出土情報が蓄積され、これらを考古学の方法で厳密に分析する研究成果が積み上げられました。各地の土器型式編年が整備され、地域間の併行関係も吟味されました。畿内を例にとると、弥生時代後期の第Ⅴ様式と古墳時代前期の布留式土器の間に庄内式土器という一型式（様式）を設けるべきことが一九六五年に提唱されていました。その庄内式に関する資料が多数蓄積されて細分編年の議論も進み、九州から東日本までの広域的な併行関係も整えられました。またこの時期の土器が遠隔地に移動する事実も各地で確認されました。こうした土器型式は集落で日常生活に用いられる土器群を基準に設定されたもので、残念ながら前期古墳からはまれにしか出土しないために八〇年代までは難渋していましたが、九〇年代以降少しずつ資料が出てきました。

墳墓に関しては、中部瀬戸内で前方後円形の墳丘墓や竪穴系石室墓、そこに樹立する特殊器台・壺、山陰の四隅突出型墳丘墓など、弥生時代後期の各地の墳墓の様子が明確になります。一九八〇年代までは鉄器は瀬戸内ルートで東方にもたらされると考えられていましたが、鉄刀や鉄剣などの鉄製武器類とその副葬例は九州から山陰を経て北陸へと日本海側でむしろ盛んに広まる状況が明らかになりました。また、魏志倭人伝に記された邪馬台国の時代（二世紀末から三世紀前半）が、おおよそ庄内式土器の段階であることも、いくつかの異論はありながらも合意されつつあります。邪馬台国時代を語るには、もはや邪馬台国が九州か畿内（大和）かという所在地論争だけではすまなくなってきたということです。

大塚氏が「発掘考古学が邪馬台国像を変える」というのは、このことを指しています。『邪馬台国をとらえなおす』という本書の書名に、邪馬台国の「所在地論争」が前面に出ていないことに留意が必要です。もちろん本書では、所在地論争を相当に意識して「畿内地方こそ邪馬台国存在の想定地域」と明記するものの、そのすぐあとに「大和王権への発展が歴史的に評価できる地域」と言い換えています。これまでの邪馬台国所在地論争は、九州対畿内、あるいはそれ以外というように、特定の地域を切り取って優位性を競うかのような議論でした。しかし今や、一九七〇年代以後の約半世紀にわたる遺跡の考古学的発掘によって、各地の弥生時代から古墳時代への移行期の情報が充実してきており、それらを横断して冷静に議論することが必要となっています。もちろんいくつも判断に迷う問題があり、それが本書でも率直に示されます。大塚氏は、「邪馬台国はどこか?」で論争するのではなく、今後は、邪馬台国時代の各地域はどのような状況であり、その総体としての倭国をどのように理解すべきかを論議することを求めているのでしょう。

（明治大学文学部教授）

本書の原本は、二〇一二年に講談社より刊行されました。

著者略歴
一九二六年　東京都に生まれる
一九五七年　明治大学大学院文学研究科博士課程
　　　　　　後期史学専攻修了、文学博士
現　　在　　明治大学名誉教授

〔主要著書〕
『東国の古墳文化』（六興出版、一九八六年）、『東国の古墳と大和政権』（吉川弘文館、二〇〇二年）、『考古学から見た日本人』（青春出版社、二〇〇七年）、『歴史を塗り替えた日本列島発掘史』（KADOKAWA、二〇一四年）、『古代天皇陵の謎を追う』（新日本出版社、二〇一五年）

読みなおす日本史

邪馬台国をとらえなおす

二〇二一年（令和三）八月一日　第一刷発行

著　者　大塚初重（おおつかはつしげ）
発行者　吉川道郎
発行所　株式会社吉川弘文館
郵便番号一一三―〇〇三三
東京都文京区本郷七丁目二番八号
電話〇三―三八一三―九一五一〈代表〉
振替口座〇〇一〇〇―五―二四四
http://www.yoshikawa-k.co.jp/
組版＝株式会社キャップス
印刷＝藤原印刷株式会社
製本＝ナショナル製本協同組合
装幀＝渡邉雄哉

ISBN978-4-642-07165-9

刊行のことば

現代社会では、膨大な数の新刊図書が日々書店に並んでいます。昨今の電子書籍を含めますと、一人の読者が書名すら目にすることができないほどとなっています。ましてや、数年以前に刊行された本は書店の店頭に並ぶことも少なく、良書でありながらめぐり会うことのできない例は、日常的なことになっています。

人文書、とりわけ小社が専門とする歴史書におきましても、広く学界共通の財産として参照されるべきものとなっているにもかかわらず、その多くが現在では市場に出回らず入手、講読に時間と手間がかかるようになってしまっています。歴史の面白さを伝える図書を、読者の手元に届けることができないことは、歴史書出版の一翼を担う小社としても遺憾とするところです。

そこで、良書の発掘を通して、読者と図書をめぐる豊かな関係に寄与すべく、シリーズ「読みなおす日本史」を刊行いたします。本シリーズは、既刊の日本史関係書のなかから、研究の進展に今も寄与し続けているとともに、現在も広く読者に訴える力を有している良書を精選し順次定期的に刊行するものです。これらの知の文化遺産が、ゆるぎない視点からことの本質を説き続ける、確かな水先案内として迎えられることを切に願ってやみません。

二〇一二年四月

吉川弘文館

読みなおす
日本史